本书为国家社会科学基金青年项目（批准号：18CJY053）（结项证书号：20204708）成果

流动人口多维贫困
与财政扶贫机制优化

张　楠 ○ 著

西南财经大学出版社
Southwestern University of Finance & Economics Press
中国·成都

图书在版编目(CIP)数据

流动人口多维贫困与财政扶贫机制优化/张楠著.—成都:西南财经
大学出版社,2023.2
ISBN 978-7-5504-5706-5

Ⅰ.①流… Ⅱ.①张… Ⅲ.①流动人口—扶贫—研究—中国
Ⅳ.①C924.24②F812.0

中国国家版本馆 CIP 数据核字(2023)第 042938 号

流动人口多维贫困与财政扶贫机制优化

LIUDONG RENKOU DUOWEI PINKUN YU CAIZHENG FUPIN JIZHI YOUHUA

张楠　著

策划编辑:王甜甜
责任编辑:李特军
责任校对:陈何真璐
封面设计:何东琳设计工作室
责任印制:朱曼丽

出版发行	西南财经大学出版社(四川省成都市光华村街 55 号)
网　　址	http://cbs.swufe.edu.cn
电子邮件	bookcj@swufe.edu.cn
邮政编码	610074
电　　话	028-87353785
照　　排	四川胜翔数码印务设计有限公司
印　　刷	成都市火炬印务有限公司
成品尺寸	170mm×240mm
印　　张	10.5
字　　数	192 千字
版　　次	2023 年 2 月第 1 版
印　　次	2023 年 2 月第 1 次印刷
书　　号	ISBN 978-7-5504-5706-5
定　　价	68.00 元

前言

本书遵循"贫困识别→责任界定→效应评估→机制优化"的分析步骤，从财政收入与支出两个源头、财政直接效应与间接效应两个传导机制、宏观与微观两个视角对基于流动人口多维贫困治理的财政扶贫机制优化的相关问题进行科学研究。本书梳理了流动人口扶贫治理财政体制的渊源、变迁以及现状，分析了户籍约束下人口流动对政府间事权与支出责任划分的挑战与影响，定量评估和测度了税负归宿及公共服务受益归宿结构、公共转移性支出对流动人口多维贫困的实际影响效果，找出了流动人口多维贫困治理的财政现有机制障碍及潜在优化路径，为流动人口家庭摆脱多维贫困和逃离贫困陷阱提供了决策依据，为设计保障流动人口家庭脱贫的长期财政激励机制奠定了理论基础。

第1章是导论。这一部分介绍了本书的研究背景和研究思路，并简要进行了文献回顾，对本书的研究内容及其结论进行概括。

第2章是转型期中国财政减贫的制度分析。这一部分主要对中国经济转型的历史阶段、社会特征和代价进行总结；梳理了转型期中国财政体制特征，分析了税收政策、政府间转移支付、转移性支出以及公共服务的减贫功能，进一步对转型期财政减贫的制度性障碍进行理论分析；在此基础上，从户籍制度的歧视性、社会关系薄弱、个人能力障碍三个层面探讨了流动人口致贫原因。

第3章是流动人口贫困的经验测度、空间分布与职业状况。按照"两不愁，三保障"的要求，单一的收入标准无法客观反映流动人口真实的贫困状态。这一部分基于流动人口卫生计生动态监测调查 2016 年数据，设定了三条相对贫困线作为界定贫困状态的标准，构建了 FGT 贫困指数、AF 多维贫困指数和贫困脆弱性三个指数，从收入贫困、多维贫困、贫困脆弱性三个方面研究流动人口贫困问题。研究显示，流动人口存在严重的相对收入贫困问题，以非固定职业者为首，并且贫困发生率在空间上大体呈现出自东向西逐渐升高的特点；大多数流动人口家庭处于低维贫困状态，非固定职业者的福利损失最多，全国多维贫困大致呈现西北高、东南低的特征；流动人口未来陷入贫困的可能性极高，其中生产制造业从业人员最严重，贫困脆弱性的整体空间分布较均衡。

第 4 章是流动人口获得基本公共卫生服务的隐形壁垒。结合户籍属地与文化区域高度重叠的客观事实，户籍身份阻碍流动人口获得基本公共卫生服务这一机制中也包含了区域文化差异的潜在影响。这一部分利用方言距离测度文化差异，基于《汉语方言大词典》《中国语言地图集》及 1986 年《中华人民共和国行政区划简册》划分的方言区信息匹配 2017 年流动人口与户籍人口对比专题调查数据，实证分析了方言障碍对流动人口获得基本公共卫生服务的影响。结果显示：流动人口面临着卫生服务公平的双重壁垒，非本地户籍和方言障碍都会显著地使地区的基本公共卫生服务提供数量减少，这一结论在一系列稳健性检验中均成立；考察方言障碍的异质性，迁入省会城市和城-城流动会削弱文化差异的阻碍效应；机制分析表明，信息获取方式和社会网络是导致方言障碍成为隐形壁垒的作用渠道；基本公共卫生服务获得不足会对流动人口身体健康、融入认同和劳动供给产生负面效应。

第 5 章是流动人口公共医疗服务受益归宿分析。随着"健康中国"战略的推进，医保覆盖率提高，流动人口公共医疗服务受益归宿成为改善民生待遇的重要环节。这一部分基于 CFPS2016 入户调查数据，运用财政支出受益归宿分析法，测算了公共医疗服务在流动人口细分群体间的受益归宿，并度量其收入再分配效应。研究发现：公共医疗服务有利于高收入群体,具有亲富性;在不同地区间,东部地区更加受益;在不同流动方向,受益归宿倾向于城-城流动群体;在不同流动范围,受益归宿倾向于省际流动群体;流动人口的医疗受益分配缩小了贫富差距,形成正向收入再分配效应。在此基础上,这一部分从改革医保体系、优化医疗支出结构、拓宽医疗资金供给渠道以及提高医疗机构资金使用效率等方面,提出了改善流动人口医疗服务的政策建议。

第6章是转移性支出对流动人口多维贫困的影响。转移性支出可以直接增加贫困家庭收入,从而提高贫困群体的脱贫能力。这一部分拓展了转移支付体系的整体性,基于CFPS2016入户调查数据,从政府-社会-居民间的多层次系统检验了转移性支出对流动人口多维贫困的影响。研究结果表明:流动人口在收入、医保、健康、教育、生活状况五个维度存在长期多维贫困;分区域发现,从农村流动到农村的群体、跨省流动群体和非家庭化流动群体的多维贫困状况更严重;转移性支出能够降低流动人口多维贫困发生率,其中政府补助的减贫效果相对最好,居民间救助其次,而社会救助最弱。本章从健全转移支付瞄准机制、推动户籍制度改革、发挥第三方救助作用等方面,提出了改善流动人口多维贫困的有效途径。

第7章是流动人口税负归宿与收入再分配效应分析。税收作为政府调节收入分配差距的重要手段之一,给流动人口带来的经济负担和收入再分配效应值得关注。本部分基于CHFS2017入户调查数据,计算2016年流动人口的实际税收负担,并测算和比较相关税收的收入再分配效应。研究结果表明:整个税收体系对流动人口呈现出较强的逆向调节作用;间接税是流动人口税收负担的主要来源,具有明显的累退性;个人所得税具有一定的正向调节作用;企业所得税对流动人口收入的再分配作用有限,在不同税负转嫁假设下表现出轻微的累进性或累退性;税收再分配效应缩小了流动人口与非流动人口之间的收入分配差距。因此,我国可以从调整税制结构、降低间接税税率、调整间接税征税范围、以家庭为单位综合计征个人所得税等方面优化税制，从而更有效地发挥税收的收入再分配效应。

第 8 章是发达国家流动人口福利改善的国际经验借鉴。为了保障流动人口与当地居民享受同样的待遇，美国从流动人口的管理、子女教育、职业培训等方面做出了努力；德国具有早年在推进工业化阶段形成的应对流动人口的经验，对改善流动人口福利的举措更加全面，这些举措包括社会保障制度、社会融入政策以及教育和职业培训制度；加拿大的流动人口既有移民学生也有流动劳工，其相应的制度也各有特色，包括移民学生的学校融合、流动劳工就业保障、公共服务供给模式。

第 9 章是优化流动人口财政扶贫机制的政策建议。首先是创新贫困监测机制，测量指标从单一化向多元化转变，构建流动人口多维贫困测度指标体系以及返贫风险测度指标体系，从相对角度开展流动人口贫困方面的政策研究；其次是完善财政扶贫工具，扶贫政策从救助型向保障型延伸，强化综合保障性扶贫，提升公共服务供给质量，运用好税收工具，充分发挥税收的积极调节作用；再次是规范流入地与流出地的政府间财政关系，构建能弥补人口流动外部性的横向转移支付制度，发挥财政补贴差异化职能；最后是构建政府、企业与社会多元扶贫体系，强化政府对流动人口的扶贫责任，加强企业流动人口管理，积极动员社会力量协助流动人口减贫。

本书的基础内容为笔者国家社科基金青年项目成果，虽然站在今天的角度来看，数据略显陈旧（如文中提及的营业税），但笔者认为其对于研究流动人口多维贫困和探索财政扶贫机制优化仍具有一定的学术价值和政策启发意义。近年来笔者对其进行了一定程度的更新与校正，现将其出版发行，以期为相关后续研究做抛砖引玉之用。

张楠

2022 年 10 月

目录

1 导论

1.1 研究背景

改革开放 40 多年来，中国农村贫困人口减少了 7 亿多，为世界减贫工作做出了巨大的贡献。如果没有中国的减贫贡献，联合国千年发展目标中将生活在 1 天 1 美元以下的贫困人口比例减半的任务就不可能实现。随着 2020 年脱贫攻坚任务完成，中国取得了人类反贫困史上里程碑式的成就，提前 10 年实现《变革我们的世界：2030 年可持续发展议程》提出的"消除一切形式的贫困"的目标。我们从救济式扶贫、开发式扶贫到精准扶贫，走出了一条中国特色减贫道路，为后发国家走上健康发展轨道、实现从贫困到富裕的转变贡献了宝贵经验，为人类命运共同体的共建共享提供了重要典范。

"其作始也简，其将毕也必巨。""脱贫摘帽不是终点，而是新生活、新奋斗的起点。"习近平总书记所说的这些话提醒我们，消除绝对贫困仅仅是减贫事业的阶段性成就，中国将继续为人民幸福生活而不懈奋斗。面对举世瞩目的减贫成效，中国政府并没有停下脚步，而是提出了巩固拓展脱贫成果、建立解决相对贫困的长效机制。中国的贫困情况是从绝对贫困向相对贫困转变，农村贫困向城乡贫困并存转变，收入贫困向教育、医疗、住房等多维贫困转变。2019 年我国流动人口达到 2.36 亿人，约占全国总人口的 17%。在流动人口日益成为城市新增人口主力的背景下，减贫工作不能忽视这群城市的边缘人。以农民工为主体的大规模流动人口为城镇化和工业化发展做出了巨大贡献，却相对较少地分享到经济改革和发展的成果[①]。流动人口在向城市转移过程中催生了留守儿童家庭、流动儿童家庭、留守老人家庭等问题家庭，由于户籍制度、

---

① 蔡昉. 城乡收入差距与制度变革的临界点 [J]. 中国社会科学，2003 (5)：16-25，205.

就业制度、社保制度等刚性制度壁垒，流动人口家庭在就业、就医、定居、教育等方面举步维艰，表现出多维的贫困特征①②。实现流动人口多维度脱贫既是扎实走好全面脱贫奔小康的"最后一公里"，也是未来长期减贫战略的目标。

本书的研究立足中国现实、放眼世界反贫困实践，梳理了流动人口扶贫治理财政体制的渊源、变迁以及现状，分析了户籍约束下人口流动对政府间事权与支出责任划分的挑战与影响，定量评估和测度了税负归宿及公共服务受益归宿结构、公共转移性支出对流动人口多维贫困的实际影响效果，找出了流动人口多维贫困治理的财政现有机制障碍及潜在优化路径，为流动人口家庭摆脱多维贫困和逃离贫困陷阱提供了决策依据，为设计保障流动人口家庭脱贫的长期财政激励机制奠定了理论基础。

1.2 文献综述

第一类文献是关于多维贫困测度及财政减贫的职责定位。多维贫困的概念源自 Sen③ 将"可行能力"引入贫困分析，随后学术界也逐步将收入贫困的简单测度扩展到基于公理方法、福利方法的多维贫困测度④⑤。在流动人口多维贫困测度方面，王春超和叶琴⑥首次利用 A-F 方法估计并比较了农民工与城市劳动者在收入、健康、教育和医疗保险四个维度的多维贫困，收入与教育维度的贫困对农民工多维贫困的贡献率较高。孙咏梅⑦认为在重度贫困下，社会保

① 段成荣，吕利丹，郭静，等. 我国农村留守儿童生存和发展基本状况：基于第六次人口普查数据的分析 [J]. 人口学刊，2013，35 (3)：37-49.

② 李培林，魏后凯. 中国扶贫开发报告 2016 [M]. 北京：社会科学文献出版社，2016.

③ SEN A. Welfare inequalities and rawlsian axiomatics [J]. Theory and Decision, 1976, 7 (4): 243-262.

④ 王小林，SABINA ALKIRE. 中国多维贫困测量：估计和政策含义 [J]. 中国农村经济，2009 (12)：4-10，23.

⑤ ALKIRE S, J FOSTER. Counting and multidimensional poverty measurement [J]. Journal of Public Economics, 2011, 95 (7): 476-487.

⑥ 王春超，叶琴. 中国农民工多维贫困的演进：基于收入与教育维度的考察 [J]. 经济研究，2014，49 (12)：159-174.

⑦ 孙咏梅. 我国农民工福利贫困测度及精准扶贫策略研究 [J]. 当代经济研究，2016 (5)：71-80，97.

险和看病困难是影响农民工福利的主要因素。蒋南平和郑万军①在改进 A-F 方法的基础上提出了多维返贫识别及测算方法，对农民工多维返贫进行了测度。确保流动人口获得教育、医疗、社会保障等公共服务是财政优化资源配置和促进社会公平两大职能的核心内容，既是"授之以鱼"也是"授之以渔"②。但是，现行的财政体制无论是收入和支出责任的划分还是转移支付制度的安排，都是以假定人口不流动为前提的③，国外关于人口迁徙与公共品供给的经典"蒂伯特模型"④和"俱乐部理论"⑤在研究中国问题时并不适用，流动人口公共服务供给在传统财政体制框架中是一个盲区⑥。特别地，农民工流动与现行财政体制在协调上存在困难，农民工群体难以获得城市基本公共服务⑦。农民工市民化利益更多表现为中央政府收益，而成本更多表现为地方政府的支出成本⑧。人口流动改变了流入地与流出地的人口结构，地区间财力差异表现出"马太效应"，流出地政府对本地人力资本投入承担了全部事权，但人力资本投资的利益却要与流入地政府分享⑨⑩⑪。

第二类文献是关于财政收入机制在实现流动人口脱贫中的效应。税收对贫困影响的实证研究源于世界银行与杜兰大学发起的"Commitment to Equity"项目，Higgins 和 Lustig⑫在该项目中研究了 17 个发展中国家税收工具的减贫效果，间接税的累退性会抵消掉其他税种的累进性，以间接税为主的税制结构可

① 蒋南平，郑万军. 中国农民工多维返贫测度问题 [J]. 中国农村经济，2017 (6)：58-69.

② 卢洪友. 新常态下的财政变革 [J]. 国家治理，2015 (12)：3-8.

③ 刘尚希. 我国城镇化对财政体制的"五大挑战"及对策思路 [J]. 地方财政研究，2012 (4)：4-10.

④ TIEBOUT C M. A pure theory of local expenditures [J]. Journal of Political Economy, 1956, 64 (5)：416-424.

⑤ BUCHANAN J M. An economic theory of club [J]. Economica, 1965, 32 (125)：1-14.

⑥ 周建明. 高流动社会与属地化管理体制下的公共产品供给 [J]. 学术月刊，2014, 46 (2)：86-92.

⑦ 张立承. 新时期农民负担问题及财政支农的整体设计 [J]. 地方财政研究，2013 (4)：16-22.

⑧ 陈怡男. 关于农村社区性公共产品供给现实困境的探讨 [J]. 西南民族大学学报（人文社会科学版），2013, 34 (6)：143-146.

⑨ 孙红玲. 候鸟型农民工问题的财政体制求解 [J]. 中国工业经济，2011 (1)：15-26.

⑩ 马红旗，陈仲常. 省际流动人、地区人口负担及基于人口负担的均等化转移支付方案 [J]. 经济科学，2012 (4)：91-104.

⑪ 林江，张佐敏. 分税制背景下公共产品供给对地区收入差距的影响 [J]. 财贸经济，2013 (1)：28-38.

⑫ HIGGINS S, N LUSTIG. Can a poverty-reducing and progressive tax and transfer system hurt the poor [J]. Journal of Development Economics, 2016, 122：63-75.

能不利于穷人，巴西、阿根廷等10个国家的税收制度使得穷人变得更加贫困。由于对食物、水电等满足基本生活的商品和服务免征增值税，墨西哥、秘鲁以及厄瓜多尔的税制呈中性①②。部分学者也关注中国各种税收工具的扶贫作用。取消农业税能够促进农民增收、刺激消费，其对农村发展的积极作用已有共识③④。东部地区企业税收优惠有利于当地家庭脱贫⑤。解垩结合可计算一般均衡和微观模拟模型评估公共转移支付两种筹资方式对贫困发生率的影响，发现直接税筹资方式比间接税筹资方式的减贫效应大⑥。

第三类文献是关于财政支出机制在实现流动人口脱贫中的效应。社会救助类转移性支出被视为能够直接提高贫困群体收入的政策，具有收入再分配和减贫的功能⑦。然而在实践中，公共转移支付往往由于瞄准失效而呈低效运行态势⑧⑨。政府调查数据显示，城市流动人口获得医疗救助、教育救助和就业帮扶救助的比例很小⑩，社保体系对留守老人的覆盖面小、保障水平低⑪。城乡二元户籍管理、医保"碎片化"、非正规就业等制度因素严重降低了流动人口享有医疗服务的可及性和实效性⑫。教育、医疗等公共服务能够使居民增加收

① LUSTIG N, LOPEZ-CALVA L F, ORTIZ-JUAREZ E. Declining inequality in Latin America in the 2000s: The cases of Argentina, Brazil, and Mexico [J]. World Development, 2013, 44: 129-141.

② PINTO F P L, PINTO M C L, PINTO M A L. Social spending taxes and income redistribution in Ecuador [J]. Commitment to Equity Working Paper, 2015.

③ 周黎安, 陈烨. 中国农村税费改革的政策效果: 基于双重差分模型的估计 [J]. 经济研究, 2005 (8): 44-53.

④ 汪伟, 艾春荣, 曹晖. 税费改革对农村居民消费的影响研究 [J]. 管理世界, 2013 (1): 89-100.

⑤ LI W, LI X, WANG W, et al. Fiscal policy, regional disparity and poverty in China: A general equilibrium approach [J]. SSRN Electronic Journal, 2010.

⑥ 解垩. 公共转移支付对再分配及贫困的影响研究 [J]. 经济研究, 2017, 52 (9): 103-116.

⑦ A B ATKINSON, L RAINWATER, T SMEEDING. Income distribution in OECD countries: The evidence from LIS [J]. Social Policy Studies, 1995.

⑧ 刘穷志. 增长、不平等与贫困: 政府支出均衡激励路径 [J]. 财贸经济, 2008 (12): 58-62.

⑨ 樊丽明, 解垩. 公共转移支付减少了贫困脆弱性吗? [J]. 经济研究, 2014, 49 (8): 67-78.

⑩ 民政部对政协十二届全国委员会第三次会议第2759号 (社会管理类244号) 提案答复的函 (摘要), 载 http://www.mca.gov.cn/article/gk/jytabljggk/zxwyta/201509/20150915874846.shtml.

⑪ 叶敬忠, 贺聪志. 农村劳动力外出务工对留守老人经济供养的影响研究 [J]. 人口研究, 2009, 33 (4): 44-53.

⑫ 朱铭来, 史晓晨. 医疗保险对流动人口灾难性医疗支出的影响 [J]. 中国人口科学, 2016 (6): 47-57, 127.

入，对减少贫困具有积极效应①②③。但是如果缺乏合理的制度设计，贫困人口不一定能从公共服务中获益④。没有取得流入城市户籍的农民工，在享受基本公共服务方面仍然处于劣势地位⑤⑥。农村留守儿童的教育生态环境恶劣⑦，而随迁子女又难以获取在城市公立学校平等就学的机会⑧⑨。流动人口的医疗需求没有得到有效保障或虽有制度安排却难以落实⑩，农业户籍流动人口在医疗保健方面面临由户籍造成的机会不平等⑪，父母外出务工让留守儿童丧失了享受卫生服务的机会⑫。

第四类文献是关于实现流动人口脱贫的财政机制设计。财政体制改革应使"公共服务跟人走"，建立"辖区财政"责任制度⑬，配套相应的财政性转移支付政策来应对省以下财政体制未能充分考虑人口流动性的问题⑭，并建立依据常住人口分配财力的横向转移支付制度⑮。我国应矫正不当的地方财政激励

---

① 林伯强. 中国的政府公共支出与减贫政策 [J]. 经济研究，2005 (1): 27-37.

② 汪三贵. 在发展中战胜贫困：对中国 30 年大规模减贫经验的总结与评价 [J]. 管理世界，2008 (11): 78-88.

③ 李永友，沈坤荣. 财政支出结构、相对贫困与经济增长 [J]. 管理世界，2007 (11): 14-26, 171.

④ WORLD BANK. World development report: Making services work for poor people? [M]. Washington DC: World Bank Publication, 2004.

⑤ 刘亮，章元，李韵. 农民工地域歧视与就业机会研究 [J]. 统计研究，2012，29 (7): 75-80.

⑥ 秦立建，王震，葛玉好. 城乡分割、区域分割与流动人口社会保障缺失 [J]. 经济理论与经济管理，2015 (3): 103-112.

⑦ 潘璐，叶敬忠. "大发展的孩子们"：农村留守儿童的教育与成长困境 [J]. 北京大学教育评论，2014，12 (3): 2-12.

⑧ 陶然. 提高我国高等教育教学质量的思路及对策研究 [J]. 江西电力职业技术学院学报，2005 (4): 59-60.

⑨ 谢建社，牛喜霞，谢宇. 流动农民工随迁子女教育问题研究：以珠三角城镇地区为例 [J]. 中国人口科学，2011 (1): 92-100, 112.

⑩ 刘鸿宇，王健，孙玉凤，等. 农村和偏远地区卫生人力吸引和保留的政策探析：中国西部四省的证据 [J]. 中国卫生事业管理，2014，31 (12): 929-932.

⑪ 马超，曲兆鹏，宋泽. 城乡医保统筹背景下流动人口医疗保健的机会不平等：事前补偿原则与事后补偿原则的悖论 [J]. 中国工业经济，2018 (2): 100-117.

⑫ 宋月萍，张耀光. 农村留守儿童的健康以及卫生服务利用状况的影响因素分析 [J]. 人口研究，2009，33 (6): 57-66.

⑬ 刘尚希，赵大全. 辖区财政：财政体制改革的构想 [J]. 地方财政研究，2013 (10): 17-23, 28.

⑭ 邓子基，唐文倩. 我国财税改革与"顶层设计"：省以下分税制财政管理体制的深化改革 [J]. 财政研究，2012 (2): 2-6.

⑮ 孙红玲. 推进新型城镇化需改按常住人口分配地方财力 [J]. 财政研究，2013 (3): 56-58.

机制，提高地方政府为流动人口提供公共服务的积极性①。农民工市民化的成本应通过转移支付在中央与地方、输入地与输出地政府之间合理分担，中央与地方合理划分事权，建立财政成本分担机制②③。我国应该实现多维贫困识别与精准扶贫的有效衔接，建立农民工群体城乡和区域迁移专项基金④。

综上所述，学术界目前对财政治理流动人口多维贫困的研究还不够深入和系统，理论上缺乏从政府间事权与支出责任划分的视角分析政府财政治理流动人口多维贫困的内在机理、传导机制，以及相应的治理责任；实践上未能将各项财政扶贫机制纳入一个总体分析框架内进行研究，在实现流动人口多维贫困治理的财政扶贫机制优化设计上缺乏数量经验证据论证。为服务共享发展理念和精准扶贫战略，本书的研究在测度流动人口家庭多维贫困指数的基础上，明确政府财政在流动人口多维贫困治理中的责任，揭示财政扶贫的流动人口多维贫困影响效应，探索治理流动人口多维贫困的财政制度与技术路径。

1.3 研究思路

本书的研究思路如图 1-1 所示。

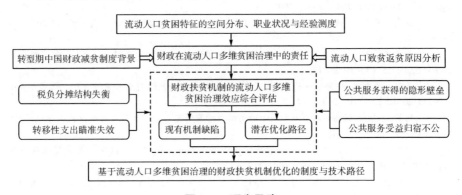

图 1-1 研究思路

① 甘行琼，刘大帅，胡朋飞. 流动人口公共服务供给中的地方政府财政激励实证研究 [J]. 财贸经济，2015（10）：87-101.

② 刘洪银. 新生代农民工内生性市民化与公共成本估算 [J]. 云南财经大学学报，2013，29（4）：136-141.

③ 冯俏彬. 构建农民工市民化成本的合理分担机制 [J]. 中国财政，2013（13）：63-64.

④ 贺坤，周云波. 精准扶贫视角下中国农民工收入贫困与多维贫困比较研究 [J]. 经济与管理研究，2018（2）：42-54.

本书遵循"贫困识别→责任界定→效应评估→机制优化"的分析步骤，从财政收入与支出两个源头、财政直接效应与间接效应两个传导机制、宏观与微观两个视角对基于流动人口多维贫困治理的财政扶贫机制优化的相关问题进行科学研究。首先，本书的研究厘清了财政推进流动人口多维贫困治理的方向、重点、机制、力度和优先顺序。财政体制结构复杂，经过数次改革而形成的具有中国特色的财政体制安排则更加复杂，本书的研究梳理了转型期中国财政减贫制度。其次，本书的研究构造了一整套贫困指标对流动人口贫困特征进行全方位测度。贫困具有长期性和脆弱性，本书的研究拓展到流动人口贫困的空间分布和职业选择，确保指标能够反映流动人口家庭功能性福利缺失、贫困持续时间、贫困深度以及返贫概率。再次，本书定量评估和测度中国现行财政扶贫机制在推动流动人口贫困治理方面发挥的实际效果，探讨矫正税负归宿不公、转移性支出瞄准失效以及公共服务供给与分享结构失衡的制度技术路径。最后，本书系统梳理了世界部分发达国家对流动人口管理与帮扶的政策实践；在此基础上，提出构建一套最优或次优适合的流动人口贫困治理税费体制、财政支出体制和转移支付体制，从而将其组建成为一套完整的、科学的、合理的、激励与约束相容的流动人口贫困治理财政机制。

1.4　主要内容

本书的研究共分九章。在结构安排上，除第 1 章导论部分以外，其余八章按照研究内容和方法可以分为两个部分：理论及制度背景分析部分、实证研究部分。具体安排如下：

第 2 章是转型期中国财政减贫的制度分析。这一章主要对中国经济转型的历史阶段、社会特征和代价进行总结，并且梳理了转型期中国财政体制特征，分析了税收政策、政府间转移支付、转移性支出以及公共服务的减贫功能，进一步对转型期财政减贫的制度性障碍进行理论分析；在此基础上，从户籍制度歧视性、社会关系薄弱、个人能力障碍三个层面探讨了流动人口致贫原因。

第 3 章是流动人口贫困的经验测度、空间分布与职业状况。按照"两不愁，三保障"的要求，单一的收入标准无法客观反映流动人口真实的贫困状态。这一章基于流动人口卫生计生动态监测调查 2016 年数据，设定三条相对贫困线作为界定贫困状态的标准，构建了 FGT 贫困指数、AF 多维贫困指数和贫困脆弱性三个指数，从收入贫困、多维贫困、贫困脆弱性三个方面研究流动人口贫困问题。研究显示，流动人口存在严重的相对收入贫困，以非固定职业者为首，并且贫困发生率在空间上大体上呈现出自东向西逐渐升高的特点；大多数流动人口家庭处于低维贫困，非固定职业者的福利损失最多，全国多维贫困大致呈现西北高、东南低的特征；流动人口未来陷入贫困的可能性极高，其中生产制造业从业人员最严重，贫困脆弱性的整体空间分布较均衡。

第 4 章是流动人口获得基本公共卫生服务的隐形壁垒。这一章结合户籍属地与文化区域高度重叠的客观事实，分析了户籍身份在阻碍流动人口获得卫生服务的过程中由于文化差异所带来的潜在影响。这一章利用方言距离测度文化差异，基于《汉语方言大词典》《中国语言地图集》及 1986 年《中华人民共和国行政区划简册》划分的方言区信息匹配 2017 年流动人口与户籍人口对比专题调查数据，实证分析了方言障碍对流动人口获得基本公共卫生服务的影响。结果显示：流动人口面临着卫生服务公平的双重壁垒，非本地户籍和方言障碍都显著减少了卫生服务，这一结论在一系列稳健性检验中均保持成立；考察方言障碍的异质性，迁入省会城市和城-城流动能削弱文化差异的阻碍效应；机制分析表明，信息获取方式和社会网络是导致方言障碍成为隐形壁垒的作用渠道；卫生服务获得不足会对流动人口身体健康、融入认同和劳动供给产生负面效应。

第 5 章是流动人口公共医疗服务受益归宿分析。随着"健康中国"战略的推进，医保覆盖率提高，流动人口公共医疗服务受益归宿成为改善民生待遇的重要环节。这一章基于 CFPS2016 入户调查数据，运用财政支出受益归宿分析法，测算了公共医疗服务在流动人口细分群体间受益归宿，并度量其收入再分配效应。研究发现：公共医疗服务有利于高收入群体，具有亲富性；在不同地区间，东部地区更加受益；在不同流动方向下，受益归宿倾向于城-城流动群体；在不同流动范围下，受益归宿倾向于省际流动群体；流动人口的医疗受益分配缩小了贫富差距，形成正向收入再分配效应。在此基础上，这一章从改革医保体系、优化医疗支出结构、拓宽医疗资金供给渠道以及提高医疗机构资金使用效率等方面，提出了改善流动人口医疗服务的政策建议。

第 6 章是转移性支出对流动人口多维贫困的影响。转移性支出可以直接增加贫困家庭收入，从而提高贫困群体的脱贫能力。这一章节拓展了转移支付体系的整体性，基于 CFPS2016 入户调查数据，从政府-社会-居民间的多层次系统检验了转移性支出对流动人口多维贫困的影响。研究结果表明：流动人口在收入、医保、健康、教育、生活状况五个维度具有长期多维贫困；分区域发现，从农村流动到农村的群体、跨省流动群体和非家庭化流动群体的多维贫困状况更严重；转移性支出能够降低流动人口多维贫困发生率，其中政府补助的减贫效果相对最好，居民间救助其次，而社会救助最弱。第6章从健全转移支付瞄准机制、推动户籍制度改革、发挥第三方救助作用等方面，提出了改善流动人口多维贫困的有效途径。

第7章是流动人口税负归宿与收入再分配效应分析。税收作为政府调节收入分配差距的重要手段之一，其对流动人口带来的经济负担和收入再分配效应值得关注。本章基于CHFS2017入户调查数据，计算2016年流动人口的实际税收负担，并测算和比较相关税收的收入再分配效应。研究结果表明：整个税收体系对流动人口呈现出较强的逆向调节作用；间接税是流动人口税收负担的主要来源，具有明显的累退性；个人所得税具有一定的正向调节作用；企业所得税对流动人口收入的再分配作用有限，在不同税负转嫁假设下表现出轻微的累进性或累退性；税收再分配效应缩小了流动人口与非流动人口之间的收入分配差距。因此，我国可以从调整税制结构、降低间接税税率、调整间接税征税范围、以家庭为单位综合计征个人所得税等方面优化税制，从而更有效地发挥税收的收入再分配效应。

第8章是发达国家流动人口福利改善的国际经验借鉴。为了保障流动人口与当地居民享受同样的待遇，美国从流动人口的管理、子女教育、职业培训等方面做出了努力；德国具有早年在推进工业化阶段形成的应对流动人口的经验，对改善流动人口福利的举措更加全面，包括社会保障制度、社会融入政策以及教育和职业培训制度；加拿大的流动人口有移民学生也有流动劳工，其相应的制度也具有特色，包括移民学生的学校融合、流动劳工就业保障、公共服务供给模式。

第9章是优化流动人口财政扶贫机制的政策建议。首先是创新贫困监测机制，测量指标从单一化向多元化转变，构建流动人口多维贫困测度指标体系以及返贫风险测度指标体系，努力推进绝对贫困"清零"计划，从相对角度开展流动人口贫困方面的政策研究；其次是完善财政扶贫工具，扶贫政策从救助型向保障型延伸，强化综合保障性扶贫，提升公共服务供给质量，运用好税收工具，充分发挥税收的积极调节作用；再次是规范流入地与流出地的政府间财政关系，构建能弥补人口流动外部性的横向转移支付制度，发挥财政补贴差异化职能；最后是构建政府、企业与社会多元扶贫体系，强化政府对流动人口的扶贫责任，加强企业流动人口管理，积极动员社会力量协助流动人口减贫。

2　转型期中国财政减贫的制度分析

2.1　转型期中国的制度背景

2.1.1　中国经济转型的历史阶段

2.1.1.1　经济转型的起始期

这一阶段以中共十一届三中全会为起点，此次会议确立了解放思想和实事求是的指导方针，高度评价了关于真理标准问题的讨论，作出了一项历史性决策：将党和国家的工作重心转移到经济建设上来，实行改革开放。会议后，党中央提出了"调整、改革、整顿、提高"方针指导经济改革运动。其中最具代表性的是在农村实行"包产到户、包干到户"的家庭联产承包责任制，这在很大程度上调动了农民的生产积极性，农村的经济体制改革作为改革初期的阶段性成果，为后续改革的成功奠定了坚实的基础。

2.1.1.2　经济转型的突破期

这一时期大致从中共十二届三中全会开始，此次会议通过了《中共中央关于经济体制改革的决定》，强调了加快以城市为重点的整个经济体制改革步伐的紧迫性和必要性，指明要依据价值规律，在公有制的基础上实行有计划的商品经济，自此开始强调商品经济的发展，明确商品经济是社会经济发展不可逾越的阶段，超越了将计划经济和商品经济相对立的传统观点。在这一时期，中国社会的资源配置方式发生重大改变，即由计划机制成功转变为市场机制，同期的经济增长也达到一个较高的水平，经济转型进入更加全面、系统的发展阶段。

2.1.1.3　经济转型的转轨期

这一阶段大致从党的十四大开始，江泽民同志在会议上作出《加快改革开放和现代化建设步伐，夺取有中国特色社会主义事业的更大胜利》的报告，明确指出中国经济体制改革应当确立的经济模式为社会主义市场经济体制，在转轨时期，逐步认清计划和市场之间的关系，开始建成市场机制中所必需的价格机制，完善与市场机制相配套的法律法规。在2003年中共十六届三中全会召开之前，中国人均国内生产总值有较大的突破，贫困人口数量也大幅减少，中国的经济体制改革由局部改革向更加全面和系统的改革过渡。

2.1.1.4　经济转型的深入和发展期

这一阶段以中共十六届三中全会为开端，会议通过了《中共中央关于建立社会主义市场经济体制若干问题的决定》，标志着中国的经济转型进入一个新的阶段。面对经济全球化和加入世界贸易组织的新形势，中国经济体制仍存在结构不够合理、分配关系尚未理顺、经济整体竞争力不强和就业矛盾突出等深层次的矛盾和现象，如何让全体人民平等享受经济发展成果成为亟待解决的问题。为适应经济发展的新形势，我国必须加快推进解决转型初期留下的一些制度性根源问题，进一步解放和发展生产力，保持经济持续、稳定的增长。至此，中国的经济转型进入发展和深化时期。

2.1.1.5　经济发展进入新常态时期

新常态的概念最早由美国太平洋基金管理公司总裁埃里安提出，中国经济进入新常态则是2014年5月习近平总书记在河南考察时首次提到，主要表现为经济中高速增长和经济结构的转型。新常态是中国现阶段面临的机遇，同时也是一种挑战，它不是一种短期的状态，也不是几十年的长期状态，而是中国为逐步实现现代化打下坚实的物质基础的中长期状态。在此期间，中国的人均国内生产总值与发达国家相比仍然处于一个较低的水平，但产业结构升级潜力巨大，要将这种增长的潜力变为现实，需要政府从国家中长期经济发展新的顶层设计层面来考虑，寻找经济发展总体战略层面的重大创新和突破。

2.1.2　中国经济转型期的社会特征

2.1.2.1　城乡分割结构

自改革开放以来，中国的主要发展理念为以经济建设为中心，从效率的视角关注经济增长。客观上讲，这种效率至上的原则要求资源和资本的高度集中，基于当时的国情，中国无法从外部获取所需的资源，只能实行资源由农村向城市转移的计划，并且在经济发展初期，政府对农产品价格进行管制，使其低于自身价值，实现生产利润由农村向城市的转移，农村在现代化发展中做出了很大的牺牲并逐渐处于劣势地位。

在计划经济体制和市场经济体制的背景下，农业和农村并没有得到很好的发展，也没有消除城乡二元机构。在工业化基本完成后，已经形成的诸如户籍制度等城市偏向性制度在中国的经济转型过程中得以保留和延续，使得中国的经济社会长期维持着一种城乡分割的二元经济结构，并且在短期内难以消除。

2.1.2.2　经济分权与政治集权

中国式的经济分权以财政分权和金融分权为特征，适度分权削弱了中央政府对财政和金融权力的绝对垄断，地方政府得以充分发挥其在经济建设中的信息优势。尤其是 1994 年后实行的分税制，促使地方政府致力于其管理辖区内的基础设施建设和公共服务水平的提升，地方政府在地方性事务上拥有一定的决策权力，调动了其促进管辖地区经济增长的积极性。

与经济分权相反的是，转型期间中国实行的集权模式，在某种程度上削弱了经济分权可能带来的危害。政治集权的主要特征为以 GDP 为主的政绩考核机制和基于民意调查的官员任免制度，这种自上而下的政治管理体制加强了同级政府之间的相互竞争和监督，经济分权与政治集权相结合形成的激励与竞争机制成为当时政府推动经济增长的动力。

2.1.2.3　关系型社会合约履约方式

在任何一个经济体中，合约的履约方式都是重要的问题，合约履约方式最常见的两种类型为关系型履约方式和规则型履约方式。规则型合约的实现需要第三方可以验证的公共信息以及建立完善的规章制度，对经济体本身的制度基础和环境设施要求较高。而关系型合约主要通过主体双方的长期博弈来实现，相比之下，关系型合约在市场范围较小的中国转型经济发展初期较为适用，几乎不需要花费固定成本来设立法律法规以保证合约的实施。

在中国渐进式转型模式下，关系型合约履约方式得以保留，并且在中国正式的规则制度尚不完善以及市场的生产和分工仍然不够成熟的情况下，依然发挥着有效的作用。但随着经济的发展和市场范围的不断扩大，这种在一定程度上依赖权力而非规则配置资源的合约履约方式的负面影响日渐凸显，例如行贿、受贿导致公共资源浪费等问题时有发生。

2.1.3　中国经济转型的代价

2.1.3.1　社会分割的代价

在经济转型初期，为实现经济的快速发展，由落后的农业国向工业国过渡，国家提出重工业和城市化优先发展战略，例如当时实施的工农业产品非等价交换、农产品统购统销、对城乡劳动力区别对待以及农村社会保障制度的缺失等一系列政策，导致农村地区相对贫困程度进一步加深以及城乡二元分割局面的出现。到经济转型中后期，即使这些政策暴露了很多社会问题，但在各方压力下也很难作出调整。

改革开放多年后的今天，差别化的政府政策仍然存在，农村居民与城市居民在身份地位、就业机会、子女受教育机会、医疗和公共卫生等方面有一定的差距，而当时遗留下来的户籍制度更加强化了城乡之间的不平衡和不平等，成为农村居民向城市流动的一项难以逾越的制度障碍，损害了社会公平，影响了社会和谐稳定。

2.1.3.2 经济分权与政治集权的代价

经济分权与政治集权的体制形成了地方政府间的横向竞争与中央和地方政府之间纵向博弈的体制框架。其中经济分权模式强化了地方政府之间为发展各自经济的过度竞争，而各地区之间先天性资源差异较大，逐渐形成了事权逐级下放、财权逐层上移的局面，造成了地方政府财权和支出责任的不匹配，由此导致外部成本在经济转型阶段不断增加，这与中国当前追求经济高质量发展的目标相去甚远。

政治集权使得上级政府具有绝对的权力，上级政府凭借其政治上的绝对权力，在财政资源上拥有较高的支配权。各地区间的经济发展不平衡，地方政府间的财力差距主要通过上下级政府间的财政转移支付来缩小，然而在实践中财政转移支付的公平性和效率性仍有待提高，无法有效实现地区间的财力均衡，进而滋生地方政府主动寻租和土地财政等问题。

2.1.3.3 非正式合约制度的代价

关系型合约制度在履约过程中不需要付出高昂的成本，适合经济转型初期。但随着经济的发展，人口流动性日益增强，国家、个人和组织之间不仅仅是一种关系合约，因为长期博弈无法保证关系合约在技术上具备可能性，与此同时，随着渐进式改革的推进，相关的制度法规使得关系型合约履约方式的作用空间正在不断缩小，并逐渐凸显弊端。

非正式合约制度影响规则制定，会直接削弱资源配置的效率性和公平性。例如，某些群体一方面利用其身份上的优势，在交易的过程中，优先得到或者使用了优质资源；另一方面通过在交易时设置垄断价格，导致资源投入的收益被一些特定的群体掠夺，在违背社会公平原则的同时，造成社会资源的浪费。

2.2 转型期中国财政减贫的制度背景

2.2.1 转型期中国财政体制特征

2.2.1.1 财权与事权不匹配

转型期间，中国政府间的财政关系经历过多次重大改革，特别是在1994年的分税制改革后，中央政府获得收入稳定、征收难度较小的税收收入以及共享税税收收入中的绝大部分，而地方政府缺乏必要的主体税种和税权。此外，由于中央和地方间事权划分不清晰，事权过于下移，某些应当由中央政府负责的事务下移到地方政府，导致地方政府的财政困难。虽然中央政府和地方政府之间存在着转移支付制度，但其调节作用有限，无法解决地方事权、财权不匹配的问题。地方政府的支出责任倒挂，催生出诸多矛盾，诸如地方政府债台高筑以及过度依赖土地财政等现象丛生。

2.2.1.2 政府间转移支付体制

为解决地方政府财权与事权不匹配的问题，上下级政府之间需要形成转移支付关系，这种转移支付主要存在三种形式，即一般性转移支付、专项转移付和税收返还。一般性转移支付是按照均等化原则，以解决地方政府面临的财力不足和基层政府在提供公共产品和服务的过程中资金不足的问题；专项转移支付是用于增加教育、卫生、文化和社会保障等方面的专项拨款，多用于宏观调控；税收返还则是为了维护既得利益，不具备均等化功能。从资金占比来看，上下级政府间财政转移支付的主要方式为一般性转移支付和专项转移支付。

2.2.1.3 间接税为主体的税制结构

中国现行的税制结构是在1994年分税制的基础上形成的，其间经历了多次税制结构的改革和优化，从名义上看，中国形成了直接税和间接税双主体的税制结构，但从税负主体视角分析，各个税种的收入在税收总收入的占比情况，如增值税、消费税、关税等间接税的比重高于企业所得税、个人所得税等直接税所占的比重。间接税具有按流转额征税的特点，重效率，税收征管成本较低，有利于国家获得充足的财政收入，但轻公平，在调节收入再分配以及自动调节经济的功能方面尚有欠缺。

2.2.1.4 "一品两制"的公共服务供给模式

转型期间，在公共产品和服务的供给方面，城乡居民在成本分担和收益分享上呈现出"一品两制"的特征。从成本方面来看，当时的大部分城市居民未达到缴纳税收的水平，而农村居民则需要缴纳农业税等税收；从收益方面来看，城市居民可以免费或者低价享受政府提供的公共产品和服务，而农村居民则需要自行出资。此外，由于户籍制度的严格限制，农村居民所享受到的医疗、教育、卫生、社会保障以及公共设施等方面的服务水平远远低于城市居民。

2.2.2 减贫的主要政策工具

2.2.2.1 税收政策的减贫功能

税收政策是调整经济社会活动的一种重要手段，高效的税收政策可以有效治理贫困，改善收入分配状况。税收政策的再分配功能主要是通过直接调节和间接调节两种途径来发挥作用，直接调节包括对个人的各项所得如劳动所得、基本收益、财产所得等进行课税，间接调节包括对不同的商品实行有差异的税收政策，进而影响消费者的实际收入水平。税收政策具体包括起征点、免征额、累进税率、税收抵免和退税等调节手段，从收入、财产、消费等不同的方面发挥减贫的作用，促进社会公平。

2.2.2.2 财政转移支付的减贫功能

财政分权体制导致地区间过度的财政竞争，在损害资源配置效率的同时也拉大了地区间的经济差距，具体表现在不同省份之间、省以下行政单位间财力状况不尽相同。在此背景下，政府间的财政转移支付成为推动地区间经济和谐发展的一项重要政策工具。不同类型的财政转移支付发挥的再分配作用有所差异，其核心作用主要借助政府支出手段来发挥，以保障财力低下的地区也拥有基本的公共产品和服务的供给能力。

2.2.2.3 救助性转移支付的减贫功能

作为一项保障低收入阶层基本生存权的政策，救助性转移支付在减贫方面起着至关重要的作用。它以贫困家庭或个体为直接救济对象，以城乡低保为主，以临时救济或医疗救济为辅，通过直接扶持或倾斜性政策间接扶持的方式，改善社会的收入分配状况，在社会保障中起到兜底的作用。但从实践来看，目前中国的救助性转移支付支出仍然较低，并且难以及时、有效、全面地掌握贫困群体的信息，精准扶贫水平还有待提高。

2.2.2.4 公共服务供给支出的减贫功能

由于公共服务支出在政府总支出中占有相当大的比例，因此政府在提供公共服务时，会对社会再分配产生极大的影响。一方面，居民消费不仅包括私人部分，还包括政府提供的公共服务部分，这在一定程度上节省了居民的消费支出和生活成本；另一方面，公共服务中的义务教育、医疗卫生等在一定程度上有利于改善低收入群体的生活和经济状况，进而影响人力资本的积累和流动，保障起点公平和机会公平。

2.2.3 转型期财政减贫的制度性障碍

2.2.3.1 财政政策的偏向性

一方面，在公共财政体制确立以后，中国形成了各有偏重的区域经济发展战略，在各地区间实行的各项财政政策也存在着相当大的差异，更多优质的财政政策倾向于经济发展状况更好的地区；另一方面，由转型期延续下来的城乡分割局面带来财政政策的城市偏向性，使得在公共服务和政府间转移支付等方面，城市比农村享受更多的资源。

随着市场化改革的进一步发展，中国经济建设在取得巨大成就的同时，地区间、城乡间的经济发展差距在日益扩大，社会协调发展的压力也在进一步加大。事实表明，这种偏向性的财政政策进一步扩大了地区间、城乡间的经济差距，削弱了财政政策的再分配功能。因此，在财政分权的体制框架下，合理把握财政政策效应的空间差异性，进而发挥财政政策在缩小区域经济差异方面的作用显得尤为重要。

2.2.3.2 税收政策的亲富性

为获得充足稳定的财政收入以及促进经济增长，在转型期，中国以便于征管的增值税作为主体税种，形成了以间接税为主体的税制结构。具有累进性的所得税收入虽然在逐年增长，但是其在税收总收入中的占比仍然偏低，尤其是个人所得税规模偏小，不利于税收调节收入分配功能的发挥，也未达到分税制改革时确立的双主体税种的税制结构目标。

以增值税、消费税为代表的间接税以流转额为征税对象，在流通环节通过逐层的税负转嫁，间接税税负最终由消费者承担，不论是穷人还是富人，均一刀切地成为间接税的负税人。贫困人口与富人相比受间接税的影响更大。这种税制结构更注重税收中性和税收效率原则，但降低了税收政策调节收入分配的功能，在税制改革的进程中，间接税的亲富性已经无法满足政府通过税收进行收入再分配的政策目标。

2.2.3.3 非正式合约制度下的资源配置不公、效率低下

转型期中国的各种经济制度具有较大的不确定性，法制性更强的规则型履约方式强调独立的第三方，如司法机关来保证合约的有效实施，而关系型履约

方式则具有很强的自我实时性特征，不需要第三方的规则制度来进行保障，仅仅需要合约双方知晓交易的局部性信息。非正式合约制度因其低成本的优势在财政资源配置过程中发挥着举重若轻的作用。

但是，这种非正式的履约方式极易受到权力和社会资本的影响，干扰政府间或政府对群众的财政转移支付性资金的流向，滋生权力腐败和公共资源滥用等负面现象，最终导致财政资金流入一些非目标群体，而非原本真正有需求的地区和个体。在通过权力而不是规则进行资源配置的过程中，产生的负面现象会损害政府的公信力，导致财政资源配置的低效和浪费，不利于地区间财力收支平衡和扶贫工作的开展。

2.3 流动人口致贫原因

2.3.1 户籍制度的歧视性

户籍制度作为计划经济体制的产物，使得城市和农村分割开来。城市流动人口在提升生活水平时，需要稳定的居所、职业和平等的享受公共产品及社会保障服务，而在户籍制度基础上建立的就业制度、社会保障制度等形成了对流动人口融入城市的制度排斥，成为流动人口贫困的重要原因。

2.3.1.1 户籍制度限制流动人口的社会保障权

流动人口不具备流入城市的户籍，导致流动人口的社会保障陷入盲区，大多数的流动人口无法享受针对城市户口居民的失业保险、医疗保险、养老保险和最低生活保障。与此同时，由于流动人口长期不居住在户籍所在地，也无法享受到户籍所在地的社会保障，因此，流动人口在面临失业或生病等重要的致贫问题时，得不到社会保障体系的帮助，致使他们的生活和经济状况陷入更加窘迫的境地。

2.3.1.2 户籍制度限制流动人口的社会福利

由于户籍制度的限制，部分流动人口无法享受所在城市的各种各样的社会福利，如住房补贴、带薪休假、进修培训、探亲补助等。显然，城市流动人口的社会福利缺乏，导致他们与城市户籍的一般员工相比，在工资、奖金、节假日、培训、升迁等方面享受着有差别的待遇。此外，购房或租房资金在流动人口的日常消费支出中占据很大的一部分，但他们中的很多人无法获得住房公积金、购房补贴或租房补贴，高昂的购房和租房费用成为流动人口沉重的负担。

2.3.1.3　户籍制度限制流动人口的利益表达权

户籍制度将人口分为本地人口和外来人口两大类，长期以来，流动人口在流入城市中属于被忽视和失语的弱势群体，处于城市利益表达权的底层，缺乏基本的制度以及集中反映和代表自身利益的正式组织，进而无法表达和维护自身的合法利益。而流动人口的合法权益受到侵害是目前中国城市流动人口就业中最大的问题之一，当他们的合法利益受到损害，如面临工资拖欠等问题时，可以进行利益表达的渠道非常有限。

2.3.1.4　户籍制度限制流动人口的就业机会

就业是流动人口生存的根本，他们应当与城市居民一样享有平等的就业权，但事实并非如此，许多城市在就业方面仍然存在职业为本地居民保留和行业限制进入的现象，其中最常见的方式为限制流动人口进入某些行业和工种，流动人口被明确排除在这部分职业范围之外，这种因户籍制度带来的就业歧视使得无城市户口的流动人口被剥夺了许多就业机会，处于一种不公平的处境，很大程度上影响了流动人口的经济状况。

2.3.2　社会关系薄弱限制流动人口的职业

社会关系网络是流动人口融入城市生活的重要方式，流动人口在流入城市的过程中新建立的社会关系越多，就业渠道就越多，职业上升空间就越大。但流动人口维持社会关系网络的成本较高，导致流动人口难以形成新的关系网络，使其社会关系网络较为固化。

2.3.2.1　社会关系薄弱限制流动人口的就业机会

对于流动人口来说，城市的劳动力市场供应充足，仅仅通过市场的自行调节，无法实现劳动力资源的优化配置。在市场失灵、组织低效的情况下，流动人口如果仅仅通过市场这一种渠道寻找就业机会，不仅成本高昂，而且就业面十分狭窄，收益非常低，而政府部门或职业中介这些渠道则会增加流动人口的就业成本。因此，社会关系网络成为流动人口获取就业机会的重要渠道。流动人口在短时间内的社交网络较为固化，很难结成新的有效的社会关系，这种薄弱的社会关系限制了流动人口的就业机会，使他们无法获得理想的收益来改善经济状况。

2.3.2.2　社会关系薄弱限制流动人口的职业上升空间

一方面，在转型期，中国的正式制度在某些方面有所缺失，制度真空的存在为社会关系网络的运作提供了巨大的可能性，在这样的社会背景下，社会信任较为匮乏，人际交往也随之变得功利和冷漠，流动人口在缺乏社会保障的前提下，部分职业上升空间不得不通过特殊的社会关系网络来实现；另一方面，流动人口的劳动力就业市场存在一定程度的残缺，使得非正式的社会关系网络承担着将流动人口与其工作岗位匹配起来的功能，但要维持这种社会关系网络，需要付出较高的成本，即使获得了就业机会，也很难做到将其全新的社会关系当作资本进而获取职位上的资源。

2.3.2.3 社会关系薄弱影响流动人口职业的稳定性

流动人口虽然生活在城市，但是他们并没有形成一个稳定的社会关系网络，没有建立起与城里人交往的生活圈子，他们中的很多人即使在城市中工作生活了多年，依然没有真正地融入城市生活。在这种社会关系少的生活状态下，流动人口的情感寄托于生于斯、长于斯的家乡，由此形成流动人口流动不稳定的特征，这种流动主要是回乡、进城的循环，每次长时间的流动会对流动人口的职业稳定性产生很大的影响，易使他们陷入失业再就业循环的困境。

2.3.3 流动人口个人能力障碍导致贫困代际传递

流动人口本身并没有完全地融入城市，其自身的经济条件和受教育水平有限，也难以建立广泛的人际网络。这些导致贫困的条件和因素在家庭内部通过父母传递给子女，在参与经济活动时，贫困的代际传递很大程度上影响了流动人口子女的起点高度。

2.3.3.1 流动人口子女的受教育程度与贫困代际传递

对于贫困的流动人口家庭来说，通过教育增加自身的人力资本积累是其下一代打破阶层壁垒、改善家庭贫困现状的重要途径。一方面，流动人口在城市的居住环境具有不稳定性，无法平等享受流入城市的公共服务，因而无论其子女是处于留守状态还是随父母流动，他们所受的教育与非流动人口子女相比都面临更多的不确定性；另一方面，大部分流动人口父母未受过高等教育且经济状况较差，缺乏让子女获得高层次教育的动机和经济资本，而经济条件较好的家庭更重视教育投资，使得贫困的流动人口下一代在与同龄人竞争时又处于弱势地位。

2.3.3.2 流动人口子女的素质发展与贫困代际传递

在贫困的流动人口家庭中，父母的职业往往具有不稳定、收入低的特征。职业性质可以影响整个家庭的经济、社会地位以及社会流动状况，进而影响下一代的素质发展，包括子女的身体素质、文化素质、决定未来职业的技能素质等。父母缺乏一份稳定可观的收入，将会对下一代的营养健康程度、疾病治疗质量以及良好素质养成所需的投资等产生消极的影响，而健康的体魄、高质量的疾病治疗水平和良好的综合素质是子女未来获取稳定职业、割裂贫困代际传递的重要条件。由此得出，流动人口家庭中父母不稳定的职业性质和微薄的收入致使子女的综合素质偏低，影响下一代未来的就业方向及就业质量，进而出现了贫困代际传递。

2.3.3.3 流动人口子女拥有的社会资源状况与贫困代际传递

对于流动人口家庭来说，贫困是一个经济问题也是一种长期的生活困境，仅仅依靠个人的力量在短时间内很难摆脱，对于这一贫困群体的子女而言，其家庭所拥有的社会资源和关系给予他们物质、精神等各方面的支持有限。而在经济体制转型期间，贫困流动人口家庭的一个明显特征就是边缘化倾向，社交网络往往局限于与其自身经济状况、社会地位相同的群体，这种资源的缺失限制了其下一代获得物质性支持和其他方面的帮助，削弱了他们获取社会资源的能力，在与自身能力同等的同辈竞争时，他们与外界沟通的能力以及社会关系网络显然不足，难以摆脱贫困链条的束缚。

3 流动人口贫困的经验测度、空间分布与职业状况

3.1 引言

截至 2020 年年底，中国已实现现行标准下农村人口全部脱贫，千百年来困扰中华民族的绝对贫困问题得到解决，全面建成小康，实现了第一个百年奋斗目标。然而，按现行标准计算的绝对贫困人口在统计上的消失，并不意味着贫困问题的终结。随着生活水平和生活成本的提高，沿用 2 300 元贫困标准的合理性会下降；按照"两不愁，三保障"的要求，单一的收入标准无法客观反映真实的贫困状态；很多脱贫农户抵御风险的能力极度脆弱，极易出现返贫问题。这意味着中国将进入一个以转型性的次生贫困为特点的新贫困时代。

国务院印发的《国家人口发展规划（2016—2030 年）》明确提出"探索建立符合国情的贫困人口治理体系，推动扶贫开发由主要解决绝对贫困向缓解相对贫困转变，由主要解决农村贫困向统筹城乡贫困转变"。这表明中国的扶贫思路将从解决农村绝对贫困调整到解决城乡相对贫困。随着城镇化进程的不断推进，越来越多的流动人口涌向城市，流动人口成为城市贫困人口的一个重要来源，由此产生了一种新的贫困形式——迁移贫困。迁移贫困是指伴随着经济的发展和城市化的推进，贫困人口由农村向城市转移的现象①。国家统计局数据显示，截至 2019 年年底，中国流动人口规模达 2.36 亿人，占城镇人口总数的 27.83%。人口流动一方面促进了人口红利的实现，是消除农村绝对贫困

---

① 都阳. 中国的城市贫困：趋势、政策与新的问题 [R]. 中国发展基金会研究报告，2007 (34).

的重要手段；另一方面，也催生了"新城市贫困"群体，使得城市贫困人口的规模扩大。

中国流动人口贫困问题涉及贫困、流动人口、社会保障等社会难题，具有复杂性、移动性、隐蔽性等多重特征，因而对流动人口贫困方面的研究面临着巨大的挑战[1]。一方面，流动人口由于户籍制度、教育制度、社会保障制度等制度壁垒，不能完全共享城市发展的成果，这在一定程度上限制了流动人口的发展状况和福利水平；另一方面，国务院发展研究中心发表的研究报告显示，流动人口的贫困程度很高，全国平均达到15.2%，且流动人口的平均贫困率比城镇居民的平均贫困率要高出50%。因此，如何全面了解流动人口的贫困状况和特征，并采取各种有效措施改善流动人口的贫困程度，已成为当前急需解决的问题。

鉴于此，本章基于全国流动人口卫生计生动态监测调查2016年数据，进行了以下分析：①基于FGT贫困指数测度方法估计了流动人口的贫困广度、贫困深度和贫困强度；利用AF多维贫困测量方法估计了流动人口在收入、社会排斥、健康和教育四个维度的多维贫困；使用贫困脆弱指数估计了流动人口未来发生贫困的可能性。②从职业类型和空间分布两个方面全方位展现了流动人口的贫困特征。③丰富和完善已有关于贫困测度、流动人口贫困问题等研究领域的文献，为完善中国未来的扶贫策略提供微观证据。

3.2 文献综述

3.2.1 贫困测度方法

随着社会发展，传统的贫困理论已经不能真实准确地刻画现今的贫困状况，有学者开始寻找新的视角来评估贫困状况，并构建了一系列测度贫困状况的指数。

第一是单一收入贫困指数的测度方法。贫困发生率是最早出现的贫困指数，等于一国或地区贫困人口占总人口的比例，目前依然被联合国和世界上大多数国家所采用，但其涉及的贫困信息较少，难以反映贫困的深度和广度。基

---

[1] 韩淑娟. 流动人口贫困问题的复杂性及其扶贫策略 [J]. 贵州社会科学, 2018 (2): 155-160.

于贫困差距概念，Sen[①]对其进行标准化处理后提出了贫困人口平均贫困差距率指数，但该指数忽略了贫困人口内部收入的不平等。基于以上指数存在的不足，其又构建出S指数，使用收入排序权重将相对丢失的概念反映在贫困指数之中，并表达成贫困发生率、贫困人口平均贫困差距和基尼系数的函数。在S指数的基础上，Shorrocks[②]提出了SST指数，通过调整S指数的权重函数来克服其在连续性、转移性和可分解性上的不足。目前使用最广泛的是Foster等[③]提出的FGT贫困指数，该指数通过引入社会贫困厌恶指数，来反映对不同收入水平贫困人口的关注程度。

第二是多维贫困的测度方法。Sen[④]较早明确提出从多维贫困角度来认识贫困问题，其将"可行能力"理念引入分析框架，从而催生了多维贫困理论。目前应用更为广泛的是多维贫困指数，该方法通过分别设定单维和多维的贫困标准来综合评估个体的贫困状态，又称"双界线"方法，国际通用的方法是由Alkire和Foster[⑤]提出的AF多维分析框架。

第三是贫困脆弱性的测度方法。世界银行在《2001年世界发展报告》中正式提出"贫困脆弱性"这一概念，表示家庭未来陷入贫困的可能性。收入贫困和多维贫困都是一种事后测度，是将贫困作为静态概念描述之前某一时点的贫困状况，而脆弱性可以动态反映贫困未来的变化趋势，是对贫困的预测，在一定程度上弥补了收入贫困指数与多维贫困指数对贫困事后测度的不足。关于如何将风险纳入贫困评估框架，进而测度脆弱性，代表性的观点有三种：第一种是作为期望贫困的脆弱性（VEP），通常选用评估贫困最常用的FGT指数作为指标；第二种是作为期望效用的脆弱性（VEU），用贫困线的效用和未来消费的期望效用之差来测度脆弱性；第三种是作为风险暴露的脆弱性（VER），以家庭消费支出变动与冲击发生的相关程度来衡量脆弱性。

———————

① SEN A. Poverty: An ordinal approach to measurement [J]. Econometrica, 1976, 44 (2): 219-231.

② SHORROCKS A F. Revisiting the Sen Poverty index [J]. Econometrica, 1995, 63 (5): 1225-1230.

③ FOSTER J E, GREER J W, THORBECKE E, et al. A class of decomposable poverty measures [J]. Econometrica, 1984, 52 (3): 761-776.

④ SEN A. Poverty: An ordinal approach to measurement [J]. Econometrica, 1976, 44 (2): 219-231.

⑤ ALKIRE S, J FOSTER. Counting and multidimensional poverty measurement [J]. Journal of Public Economics, 2011, 95 (7-8): 476-487.

3.2.2 流动人口贫困问题

一方面，相比原居住地，流入地能提供更多的就业机会，流动人口可以获得更高的收入，这使得他们陷入贫困的可能性显著低于非外出人口，因而人口流动过程本身具有一定的减贫效应；另一方面，流动人口由于就业岗位低端、收入不稳定及社会保障不健全等问题，成为城市贫困的新增群体。贫困是指人类基本能力的缺失，而不仅仅是收入的不足，单纯以收入判定贫困不仅会低估贫困程度，还会遗漏很多贫困人口。

杨舸[1]通过数据分析发现，流动人口的相对贫困特征不仅反映在收入、消费方面，也反映在居住、教育、医疗等权益方面；因此，应当从多维度视角全面研究流动人口的贫困问题。李昊和张昭[2]构建了包含健康、教育、生活水平和社会排斥在内的多维贫困指标体系，通过研究发现保险、福利以及金融服务方面的社会排斥是导致流动人口产生贫困的重要因素。

目前，大多数学者主要侧重于对农民工多维贫困的研究，在测度和分解多维贫困指数的过程中，具体分析了多维贫困的表现及产生原因。李长安等[3]利用2015年全国流动人口卫生计生动态监测数据的研究发现，农村流动人口在全部流动人口中占据多数，农村户籍不仅将流动人口直接排除在享受最低生活保障之外，还会使他们在外出务工时遭受歧视，包括就业过程中的差别待遇、购买医疗保险的约束以及教学质量差异带来的就业限制。朱晓和段成荣[4]通过"生存-发展-风险"的贫困三维视角研究农民工的多维贫困状况，结果表明，农民工的多维贫困状况十分严重，主要表现为收入低下、劳动时间长和缺乏社会保险。王春超和叶琴[5]发现在收入、健康、教育、医疗保险四个维度中，教育是导致农民工多维贫困的主要原因，会潜在降低收入增加的持久性，进而影响贫困脆弱性。蒋南平和郑万军[6]从农民工返贫角度开展研究，发现健康状

---

① 杨舸. 流动人口与城市相对贫困：现状、风险与政策 [J]. 经济与管理评论, 2017, 33 (1)：13-22.

② 李昊, 张昭. 流动人口多维贫困的测量与分解研究 [J]. 经济问题探索, 2019 (5)：182-190.

③ 李长安, 高春雷, 左文琦. 农村流动人口工作贫困问题研究：基于全国流动人口数据的实证分析 [J]. 中国劳动, 2019 (6)：5-18.

④ 朱晓, 段成荣. "生存-发展-风险" 视角下离土又离乡农民工贫困状况研究 [J]. 人口研究, 2016, 40 (3)：30-44.

⑤ 王春超, 叶琴. 中国农民工多维贫困的演进：基于收入与教育维度的考察 [J]. 经济研究, 2014, 49 (12)：159-174.

⑥ 蒋南平, 郑万军. 中国农民工多维返贫测度问题 [J]. 中国农村经济, 2017 (6)：58-69.

况、生活质量和融入城市生活的程度会显著影响农民工多维返贫。

此外，测量和评估流动人口贫困程度的主要目的在于分析背后的致贫因素，进而为以后制定扶贫政策提供参考。从理论层面分析，导致流动人口陷入多维贫困的原因主要有两个方面：一方面是流动人口自身因素导致的内部差距，例如，一些贫困农户对子女的教育重视程度不够，很多农户子女过早步入社会赚钱，容易导致流动人口自身教育权被剥夺；另一方面是工作和生活环境带来的外在差距，如制度边缘化带来的差别待遇和"人文贫困"。李长安等①通过研究发现，提高教育水平，推动高质量就业，重视教育和培训，鼓励创业创新等均有较好的减贫效果。何宗樾和宋旭光②从改善就业与收入机会不均等角度也得出提升教育质量、缩小城乡教育回报差距有较好的减贫效果的结论。

目前，关于流动人口贫困脆弱性的研究还不充分，现有文献主要关注农村家庭和城乡居民的贫困脆弱性。例如，李响等③基于中国健康和营养调查（CHNS）数据集对农村家庭贫困脆弱性进行了实证分析，发现高脆弱性多集中于农村贫困家庭。李丽和白雪梅④也发现收入越低的家庭越脆弱，虽然农村家庭比城镇家庭贫困脆弱性更高，但是城镇贫困脆弱性家庭的占比不容忽视。

在贫困脆弱性的影响因素方面，研究发现家庭收入水平、受教育程度、就业状态、工作性质、家庭居住地经济发展水平等因素是影响贫困脆弱性的重要原因。徐弋等⑤通过对农户的社会资本、收入多样化和农户贫困脆弱性三者之间的关系进行探讨，发现提高社会资本和收入专业化能有效降低农户贫困脆弱性。张栋浩和尹志超⑥通过构建金融惠普指数，发现改善金融普惠状况将有助于降低农村家庭的贫困脆弱性。此外，邵秀军等⑦则对家庭外出务工收入和贫

---

① 李长安，高春雷，左文琦．农村流动人口工作贫困问题研究：基于全国流动人口数据的实证分析 [J]．中国劳动，2019（6）：5-18.

② 何宗樾，宋旭光．中国农民工多维贫困及其户籍影响 [J]．财经问题研究，2018（5）：82-89.

③ 李响，齐文平，谭畅，等．农村家庭多维贫困脆弱性度量及其空间分布：基于 CHNS 数据的实证分析 [J]．高技术通讯，2019，29（11）：1136-1147.

④ 李丽，白雪梅．我国城乡居民家庭贫困脆弱性的测度与分解：基于 CHNS 微观数据的实证研究 [J]．数量经济技术经济研究，2010，27（8）：61-73.

⑤ 徐弋，陆迁，姜雅莉．社会资本、收入多样化与农户贫困脆弱性 [J]．中国人口资源与环境，2019，29（2）：123-133.

⑥ 张栋浩，尹志超．金融普惠、风险应对与农村家庭贫困脆弱性 [J]．中国农村经济，2018（4）：54-73.

⑦ 邵秀军，罗丞，李树苗，等．外出务工对贫困脆弱性的影响：来自西部山区农户的证据 [J]．世界经济文汇，2009（6）：67-76.

困脆弱性的关系进行了实证分析，发现农户的外出务工收入增加可以降低因农业收入损失所导致的贫困脆弱性。

3.3 研究方法

3.3.1 FGT 指数测算

本书关于贫困指数的测度借鉴了 Foster 等[1]提出的 FGT 指数，该指数是目前使用最广泛的测度贫困程度的指数。FGT 指数主要是从贫困广度、贫困深度和贫困强度三个维度进行测度。在收入离散分布下，该指数可以表示为

$$P_\alpha = \frac{1}{N} \sum_{i=1}^{q} \left(\frac{z - x_i}{z} \right)^\alpha (\alpha \geqslant 0) \tag{3.1}$$

其中，N代表总人口数，q代表贫困人口数，z代表贫困线，x_i代表家庭i的人均年收入，α代表贫困厌恶度系数，α越大，P_α对贫困人口中更穷的人口赋予的权重越大。本章主要研究$\alpha=0$、$\alpha=1$、$\alpha=2$三种情况。当$\alpha=0$时，得到贫困广度指数即贫困发生率，这个指数是测度贫困程度最基本的指标，测算的是贫困人口占总人口的比例；当$\alpha=1$时，得到贫困深度指数即贫困缺口率，这个指数测算的是贫困人口收入相对于贫困线的差额；当$\alpha=2$时，得到贫困强度指数即平方贫困距指数。贫困强度指数相对于贫困深度指数，对贫困人口中更穷的人口赋予的权重更大。贫困强度指数越大，表明贫困人口之间的收入差距越大。

3.3.2 多维贫困的测度及分解

本书关于多维贫困测度借鉴了 Alkire 和 Foster[2] 提出的 AF 分析框架构建的多维贫困指数（即 AF 指数）。AF 指数以 FGT 指数为基础，剥夺维度从收入维度扩展到收入、教育、健康、生活状况等维度。类似于 FGT 指数，AF 指数也依赖于参数$\alpha(\alpha \geqslant 0)$，以确保它们满足多维贫困度量公理，如复制不变性、对称性、贫困焦点和弱单调性。

---

① FOSTER J E, GREER J W, THORBECKE E, et al. A class of decomposable poverty measures [J]. Econometrica, 1984, 52 (3)：761–776.

② ALKIRE S, FOSTER J. Counting and multidimensional poverty measurement [J]. Journal of Public Economics, 2011, 95 (7–8)：476–487.

AF 方法的核心是利用"双临界线"法来识别贫困。第一个为剥夺临界值，识别个体在各维度是否被剥夺；第二个为贫困临界值，识别个体是否为多维贫困。

考虑一个有 N 个个体，$D(D \geqslant 2)$ 个指标的样本。令 Y 代表 $N \times D$ 矩阵，元素 y_{ij} 表示个体 i 在指标 j 上的取值（$i = 1, 2, \cdots, N; j = 1, 2, \cdots, D$）。$1 \times D$ 行向量 $z = (z_1, \cdots, z_D)$ 表示 D 个指标的剥夺临界值，用于确定个体 i 在 D 个维度中是否被剥夺。假设对于个体 i 和指标 j，当 $y_{ij} < z_j$，即 y_{ij} 严格低于其临界值 z_j 时，则定义个体 i 在指标 j 上被剥夺。

令 g^0 为 $N \times D$ 矩阵，如果 $y_{ij} < z_j$，则 $g_{ij}^0 = 1$，否则 $g_{ij}^0 = 0$，在 AF 分析框架中，这被称为剥夺矩阵，剥夺矩阵 g^0 反映了个体在单一指标上的剥夺状况。基于基础指标，可以用标准化的剥夺差距矩阵 g^1 来补充剥夺矩阵 g^0，其项由 $g_{ij}^1 = g_{ij}^0 (z_j - y_{ij}) / z_j$ 给出。换句话说，g_{ij}^1 代表当 $y_{ij} < z_j$ 时个体 i 在指标 j 中被剥夺的程度的度量。更一般而言，对于任何一个 α，我们通过将 g^1 的每个元素提高到 α 的幂来定义矩阵：$g_{ij}^\alpha = g_{ij}^0 \{(z_j - y_{ij}) / z_j\}^\alpha$。因此，与测算收入贫困的 FGT 指数相似，$\alpha$ 的值越高，g^α 中的元素的差距越大，元素值越小越重要。也就是说，在总体指数的计算中，本书的研究将重点放在了穷人中更穷的人身上。

现从单一维度贫困识别过渡到多维贫困识别。根据政策相关性，在分析时可以赋予指标不同的权重。令 $1 \times D$ 行向量 $w = (w_1, \cdots, w_D)$ 表示指标权重，其中，$0 < w_j < 1$，$\sum_{j=1}^{D} w_j = 1$。例如，如果每个指标被视为具有同等重要性，则所有的指标等权重，即每个指标的权重等于 $1/D$。假设 c_i 代表个体 i 面临的剥夺的加权平均数，则 $c_i = \sum_{j=1}^{D} w_j g_{ij}^0$。定义 $0 < k < 1$ 作为测定多维贫困的临界值，该值是测算 AF 指数的关键，因为一个人的加权剥夺数超过 K 值，才被定义为多维贫困。定义 $\rho_k(y_i, z)$ 为识别函数，如果 $c_i > k$，则 $\rho_k(y_i, z) = 1$，个体 i 为多维贫困个体，否则 $\rho_k(y_i, z) = 0$，个体 i 不是多维贫困个体。该函数在 AF 分析框架中起着关键作用，因为它会将矩阵 g^0 的元素变为 $g_{ij}^0 \rho_k(y_i, z)$，Alkire 和 Foster[①] 将上述的结果矩阵定义为 $g^0(k)$，称其为删减的剥夺矩阵。

上述过程可以判定多维贫困个体，下一步转为对多维贫困个体的加总与分解测度：

---

① ALKIRE S, FOSTER J. Counting and multidimensional poverty measurement [J]. Journal of Public Economics, 2011, 95 (7-8): 476-487.

$$H = \sum_{i=1}^{N} \rho_k(y_i,\ Z)\ /N = q/N \tag{3.2}$$

$$A = \left| g^0(k) \right| \tag{3.3}$$

$$M_0 = H \times A = \left| g^0(k) \right| /N \tag{3.4}$$

AF 分析框架中主要包括三个多维贫困指数，其计算如式（3.2）~式（3.4）所示。最简单的指数为多维贫困发生率 H，该指标衡量了多维贫困人口占总人口的比例。贫困剥夺份额 A 定义为贫困人口面临的剥夺次数 $\left| g^0(k) \right|$ 与贫困人口 q 的比率，表示平均被剥夺份额。将 M_0 定义为调整后的多维贫困人口占比，也称为多维贫困指数。

3.3.3 贫困脆弱性测度

本章采用 Chaudhuri 等[1]提出的基于预期贫困定义的贫困脆弱性指标（VEP）。假设经济结构相对稳定，每个家庭的消费独立分布，并且遭受的消费冲击不随时间变化，如果家庭在时间 $t+1$ 发生贫困的可能性超过了设定的脆弱线，则定义该家庭在时间 t 时具有贫困脆弱性。测量贫困脆弱性的公式为

$$V_{ht} = P_r(C_{h,\ t+1} \leqslant z) \tag{3.5}$$

其中，V_{ht} 表示家庭 h 在 t 时期的脆弱性，$C_{h,\ t+1}$ 代表家庭 h 在 $t+1$ 时期的人均年消费水平，即式（3.5）表示为在 t 时期估计家庭 h 在 $t+1$ 时期的人均年消费水平小于贫困线的概率。

估计家庭 h 在 $t+1$ 时期的人均年消费水平的公式为

$$C_{h,\ t+1} = C(X_{h,\ t},\ \beta_t,\ \alpha_{h,\ t},\ e_{h,\ t}) \tag{3.6}$$

其中，$X_{h,\ t}$ 表示 t 时期可观察的户主或家庭特征变量，β_t 描述 t 时期经济状况的参数向量，$\alpha_{h,\ t}$ 表示未观察到的家庭水平效应，$e_{h,\ t}$ 表示任何的特质因素。

把式（3.6）带入式（3.5）可得方程

$$V_{ht} = P_r[C(X_{h,\ t},\ \beta_t,\ \alpha_{h,\ t},\ e_{h,\ t}) \leqslant z] \tag{3.7}$$

利用 Chaudhuri 等[2]的估计策略及 Amemiya[3]的三阶段可行广义最小二乘法（FGLS）估计贫困脆弱性，过程如下：

---

① CHAUDHURI S, JALAN J, SURYAHADI A. Assessing household vulnerability to poverty：A methodology and estimates for Indonesia [J]. Discussion Paper, 2002 (1)：52.

② CHAUDHURI S, JALAN J, SURYAHADI A. Assessing household vulnerability to poverty：A methodology and estimates for Indonesia [J]. Discussion Paper, 2002 (1)：52.

③ AMEMIYA T. The maximum likelihood and the nonlinear three-stage least squares estimator in the General Nonlinear Simultaneous Equation Model [J]. Econometrica：Journal of the Econometric Society, 1977：955-968.

第一步，估计 t 时期的消费方程，得到因变量的估计值 $\ln \widehat{C_h}$、参数的估计值 $\widehat{\beta}$ 和残差估计值 σ_h。

$$\ln C_{h,t} = \beta X_{h,t} + e_h \tag{3.8}$$

其中，$\ln C_{h,t}$ 表示家庭 h 在 t 时期的人均年消费水平的对数，$X_{h,t}$ 表示 t 时期可观察的户主或家庭特征变量。本章主要包含的变量为家庭人均年收入、家庭资产、年龄、受教育程度、婚姻状况、工作状况、户口性质等，还把东、中、西部虚拟变量纳入模型分析。

第二步，通过式（3.9）和式（3.10）估计出 $\widehat{E}$ 和 $\widehat{\theta}$。

$$\sigma_h^2 = \theta X_h \tag{3.9}$$

$$E(\ln C_h \mid X_h) = \widehat{\beta} X_h \tag{3.10}$$

第三步，假设消费的对数服从正态分布，经过正态分布标准化过程，得到家庭 h 在 t 时期的脆弱性公式

$$\widehat{V}_{ht} = \widehat{P}_r(\ln C_{h,t+1} \le \ln z \mid X_h) = \Phi\left((\ln z - \widehat{\beta} X_h) / \sqrt{\widehat{\theta} X_h}\right) \tag{3.11}$$

本章选取了三个贫困线标准，分别为 7 000 元、14 400 元和 20 585 元（具体介绍见后文）。本章借鉴已有的研究，选取了 29%、50%、75% 三个值作为脆弱性线临界值进行分析。若测算出的家庭人均年消费小于贫困线的概率大于脆弱性线临界值，则认为该家庭具有贫困脆弱性，即该家庭在 $t+1$ 时期会陷入贫困；测算出的家庭人均年消费小于贫困线的概率小于脆弱性线临界值，则认为该家庭不具有贫困脆弱性，也就是说该家庭在 $t+1$ 时期不会陷入贫困。

3.4　数据说明

3.4.1　数据来源

本章所采用的数据为 2016 年全国流动人口卫生计生动态监测调查数据。该调查数据以 31 个省（区、市）2015 年全员流动人口年报数据为基本抽样框，采取分层、多阶段、与规模大小成比例的概率抽样（PPS）的方法进行抽样。调查对象为在流入地居住一个月及以上，非本区（县、市）户口的 15 周岁及以上流入人口。数据源自调查问卷，以个人问卷和社区问卷两种方式进行调查。个人问卷主要包括六项内容：（1）家庭成员基本情况；（2）流动趋势和居留意愿；（3）就业特征；（4）基本公共卫生服务利用；（5）婚育情况与计划生育服务管理；（6）健康素养。社区问卷主要包括人口基本状况、社区

公共卫生和计划生育服务管理等内容。调查的总样本量约为16.9万人，涉及流动人口家庭成员共计约45万人。如此庞大的样本数量为本章提供了较好的数据基础，增强了对流动人口贫困状况研究的说服力。

3.4.2 指标设定

3.4.2.1 贫困线的设定

本章研究流动人口的贫困现状，包括流动人口的收入贫困、多维贫困和贫困脆弱性。贫困线是指在一定时间、空间和社会发展阶段，人们维持基本生存需求所消费的物品和服务的最低费用。必需品不仅指维持生活必不可少的商品，还包括人民维持体面必不可少的东西。研究贫困的关键在于确定贫困标准，随着2020年精准扶贫战略目标（2020年现行标准下农村人口全部脱贫）和全面建成小康社会目标的实现，中国步入了一个新的贫困阶段，必须要考虑调整现有的贫困标准，建立符合国情的贫困人口治理体系。借鉴已有的研究，结合中国的国情，本章采用了三条相对贫困线作为贫困标准。

第一条相对贫困线为样本均值收入的70%。陈宗胜等[1]认为随着经济发展水平的提高，绝对贫困线的数值相对下降，为了使贫困标准和经济发展相适应，中国农村贫困线应采用相对贫困线，即将收入均值乘以系数0.4至0.5之间某一数值作为相对贫困线，随着经济进一步发展，系数可以相对提高。考虑到近几年经济的发展和流动人口的生活环境，本章选取0.7作为相对贫困线系数。

第二条相对贫困线为样本收入中位数的60%。Ravallion和Chen[2]认为各国的社会准则不同，各国的社会福利也不同，进一步使得各国的消费水平不同（在富国的穷人在穷国可能不是穷人），因此他们认为绝对贫困线多用于贫困国家（如印度、南非、印度尼西亚），收入中位数的60%多用于富裕国家（如欧洲西部的发达国家）这两种方法是合理的。基于中国国情和本章的研究基础，本章选取的第二条贫困线为样本收入中位数的60%。

第三条相对贫困线为"综合贫困线"。Chakravarty等[3]提出用综合的方法

---

[1] 陈宗胜，沈扬扬，周云波. 中国农村贫困状况的绝对与相对变动：兼论相对贫困线的设定 [J]. 管理世界，2013（1）：67–75.

[2] RAVALLION M, CHEN S. Weakly relative poverty [J]. Review of Economics and Statistics, 2011, 93（4）：1251–1261.

[3] CHAKRAVARTY S R, CHATTOPADHYAY N, DEUTSCH J, et al. Reference groups and the poverty line: An axiomatic approach with an empirical illustration [M]. Emerald Publishing Ltd, 2016.

来确定贫困线，"综合贫困线"是绝对贫困线和参照收入的加权平均值。确定"综合贫困线"的核心是确定参照收入水平，其体现的是决定贫困程度的收入标准，《亚洲的减贫奇迹——成就斐然还是未竟之业》中建议选取收入中位数作为参照收入。基于本章的研究基础，本章选取第二条贫困线，即样本收入中位数的60%作为参照收入。权重的选取没有统一的标准，主要是由政策制定者的个人偏好决定，本章选取的权重为基尼系数。具体来说，首先将2011年的农村扶贫标准每人每年2 300元，根据每年的CPI（食品类居民消费价格指数）调整为2016年的绝对贫困线数据2 852.25元，然后根据公式2 852.25 × (1 − w) + ($B × w$)（其中，B 为参照收入水平，即样本中位数的60%，w 为基尼系数）计算出2016年的相对贫困线。三条贫困线的具体数值见表3-1。

表3-1　三条贫困线的数值

贫困线名称	计算方法	贫困线数值/元·年⁻¹
相对贫困线 A	样本收入均值的70%	20 585
相对贫困线 B	样本收入中位数的60%	14 400
综合贫困线 C	2 852.25 × (1 − w) + ($B × w$)	7 000

3.4.2.2　多维贫困指标权重

本章多维贫困维度与指标的选取，主要是参考国际通用的多维贫困指数（MPI，包括健康、教育、生活标准，共三个维度10个指标），以及现有的研究基础（如王小林[①]、王春超和叶琴[②]、Alkire[③] 等），结合全国流动人口卫生计生动态监测调查问卷的指标等因素，综合考虑后选取了收入、社会排斥、健康和教育共四个维度，家庭人均年收入、社会保障、医疗保险、是否患有慢性疾病、健康状况、受教育年限共六个指标。对于维度与指标权重的选取，迄今为止学术界没有统一的标准。本章采取国内外大部分研究文献都采用的维度等权重与指标等权重方法来考察流动人口的多维贫困状况。多维贫困的具体维度、指标与权重见表3-2。

---

① 王小林. 贫困测量：理论与方法 [M]. 2版. 北京：社会科学文献出版社，2017.

② 王春超，叶琴. 中国农民工多维贫困的演进：基于收入与教育维度的考察 [J]. 经济研究，2014，49（12）：159-174.

③ ALKIRE S, FOSTER J. Counting and multidimensional poverty measurement [J]. Journal of Public Economics, 2011, 95（7-8）：476-487.

表 3-2　多维贫困维度、指标、权重及剥夺临界值

维度	指标	权重	剥夺临界值（存在剥夺则取值为 1）
收入	家庭人均年收入	1/4	家庭人均年收入小于贫困线
社会排斥	社会保障	1/8	未参加社会保障
	医疗保险	1/8	未参加医疗保险
健康	是否患有慢性疾病	1/8	患有慢性疾病
	健康状况	1/8	在过去一年，认为自己健康状况比较差和差
教育	受教育年限	1/4	未完成九年义务教育

3.4.2.3　贫困脆弱性

本章的分析单位为家庭，对贫困脆弱性的分析中除包含家庭特征变量外，还引入了户主特征变量，从家庭特征、户主特征和其他三个维度选取指标来研究流动人口的贫困脆弱性。本章参考相关文献，如张栋浩和尹志浩[①]、徐超和李林木[②]、樊丽明和谢垩[③]等，结合 2016 年全国流动人口卫生计生动态监测调查数据中相关指标的可获得性，选取了家庭人均年消费、家庭人均年收入、家庭资产共三个指标反映家庭特征，年龄、受教育程度、户口性质、婚姻状况、工作状况、社会保障、社会医疗保险共七个指标反映户主特征，东、中、西部 1 个指标反映其他特征。

3.4.3　变量描述性统计

本章主要研究 2016 年流动人口的 FGT 指数、多维贫困指数和贫困脆弱性指数，基于上述三类指数的测量基础，本章分别对相应变量进行描述性统计，表 3-3 给出了详细的样本变量描述性统计结果。

从表 3-3 中可以看出，删除缺失样本和无效样本后，有效样本数量为 137 253 个，年龄均值 34.788 5 岁，家庭人均年收入的均值为 27 993.39 元，家庭人均年消费的均值为 14 217.62 元。就家庭资产而言，在流入地、区县政府或乡政府所在地购买住房占比 38.37%，61.63% 的家庭在农村购买住房或无

① 张栋浩，尹志超. 金融普惠、风险应对与农村家庭贫困脆弱性 [J]. 中国农村经济, 2018 (4): 54-73.

② 徐超, 李林木. 城乡低保是否有助于未来减贫：基于贫困脆弱性的实证分析 [J]. 财贸经济, 2017, 38 (5): 5-19, 146.

③ 樊丽明, 解垩. 公共转移支付减少了贫困脆弱性吗? [J]. 经济研究, 2014, 49 (8): 67-78.

住房。在样本中，1.39%的流动人口未上过学，59.38%的流动人口的教育程度为小学或初中，22.58%的流动人口的受教育程度为高中或大专，16.65%的流动人口取得大学专科及以上学历。就户口属性而言，大部分流动人口为农村户口，仅有16.99%的流动人口拥有城市户口。被调查者中，初婚或再婚的占比为80.55%，未婚、离婚、丧偶或同居的占比为19.45%。10.81%的流动人口为国家机关人员、党群机关人员、企事业单位负责人、专业技术人员、公务员、办事人员和有关人员，3.41%的流动人口从事农林牧渔业工作或为无固定职业者，从事经商、餐饮、家政等工作的流动人口为85.78%。在样本中，58.40%的流动人口参加了至少一项社会保障，88.83%的流动人口至少参加了一项医疗保险；有45.64%的流动人口来自西部地区，22.09%的流动人口来自中部地区，32.27%的流动人口来自东部地区。就健康状况而言，1.02%的流动人口认为自己的健康状况比较差或差，98.98%的流动人口认为自己的健康状况好、比较好和一般；4.23%的流动人口认为自己有慢性疾病，95.77%的流动人口认为自己没有慢性疾病。

表3-3　变量描述性统计

变量	变量说明	均值	标准差	观测值数
家庭人均年消费	家庭人均在本地每年总支出(元/年)	14 217.62	8 299.433	137 253
家庭人均年收入	家庭人均在本地每年总收入(元/年)	27 993.39	15 036.09	137 253
年龄	截止日期为2016年4月	34.788 5	9.629 4	137 253
家庭资产	在流入地、区县政府或乡政府所在地购买住房	0.383 7	0.486 3	137 253
受教育程度1	小学、初中	0.593 8	0.491 1	137 253
受教育程度2	高中、大专	0.225 8	0.418 1	137 253
受教育程度3	大学专科及以上	0.166 5	0.372 5	137 253
城乡	城市户口	0.169 9	0.375 6	137 253
婚姻状况	初婚、再婚	0.805 5	0.395 8	137 253
工作状况1	经商、餐饮、家政、装修、快递等	0.857 8	0.349 2	137 253
工作状况2	国家机关、专业技术人员、公务员等	0.108 1	0.310 5	137 253
社会保障	至少参加了一项社会保障	0.584 0	0.492 9	137 253
医疗保险	至少参加了一项医疗保险	0.888 3	0.315 0	137 253
西部地区	2000年政策划分依据	0.456 4	0.498 1	137 253

表3-3(续)

变量	变量说明	均值	标准差	观测值数
中部地区	2000 年政策划分依据	0.220 9	0.414 9	137 253
是否患有慢性疾病	患有慢性疾病	0.042 3	0.201 3	6 664
健康状况是否良好	认为自己健康状况比较差和差	0.010 2	0.100 5	6 664

3.5 实证结果分析

3.5.1 基于 FGT 指数的贫困测度结果

3.5.1.1 基于 FGT 指数的贫困特征

本章运用 2016 年全国流动人口卫生计生动态监测调查数据测度出中国流动人口的贫困指数，具体结果见表 3-4。从表 3-4 可以看出，随着贫困线的提高，贫困广度、贫困深度和贫困强度都不断增加。也就是说，贫困线越高，家庭人均年收入在贫困线以下的人口占比越高，贫困人口的收入相对于贫困线的收入差额越大，贫困人口之间的收入差距越大。在 20 585 元的贫困标准下，贫困广度为 0.394 2、贫困深度为 0.110 4、贫困强度为 0.046 0。也就是说，全样本有 39.42%的人口处于贫困状态。运用贫困深度指数我们可以计算出平均每个贫困人口的收入与贫困线的差距为 5 765 元/年。也就是说，在 20 585 元的贫困标准下，全样本有 39.42%的流动人口的人均收入与贫困线之间有 5 765 元的差距，同理可得，在 14 400 元贫困标准下，全样本有 15.41%的流动人口仍处于贫困状态，这些贫困人口的人均收入与贫困线的收入差距为 3 822 元；在 7 000 元贫困标准下，全样本有 1.41%的流动人口仍处于贫困状态，这些贫困人口的人均收入与贫困线的收入差距为 1 688 元[①]。

表 3-4　贫困指数

贫困线	20 585 元	14 400 元	7 000 元
贫困广度	0.394 2	0.154 1	0.014 1
贫困深度	0.110 4	0.040 9	0.003 4
贫困强度	0.046 0	0.015 4	0.001 2

---

① 设贫困线为 z，则根据上文公式（3.1），可以推导出平均每个贫困人口的收入与贫困线的差距，即平均贫困距为 $(P_1 / P_0) \times z$。

3.5.1.2 贫困特征的职业对比

考虑到流动人口从事的职业类型可能会对其收入水平产生一定的影响，本章对贫困指数按职业类型作进一步的分解，测算不同职业类型下流动人口的贫困广度、贫困深度和贫困强度。关于职业类型的划分，本章基于 2015 年《中华人民共和国职业分类大典》的分类标准，舍去军人分类并将农林牧渔业生产及有关人员和不便分类的其他从业人员两类非固定职业合为一类，最终将 19 类职业分为 6 大类，具体结果详见表 3-5。

从表 3-5 可以看出，总的来说，无论采用哪条贫困线，贫困广度、贫困深度及贫困强度最高的职业类型均为非固定职业者，较低的职业类型为公务员、办事人员和有关人员。例如，在贫困线为 14 400 元的条件下，贫困广度、贫困深度及贫困强度最高的职业类型均为非固定职业者，表明在这类职业中，人均年收入小于 14 400 元的人口占比最大，贫困人口人均年收入和 14 400 元的差距最大，贫困人口之间的收入差距也最大，贫困发生率高达 0.360 1，表明在这类职业中有 36.01% 的流动人口人均年收入小于 14 400 元，处于贫困状态。贫困广度、贫困深度及贫困强度最低的职业类型均为公务员、办事人员和有关人员，即在这类职业中，贫困人口占比最小，其人均年收入不仅和 14 400 元的差距最小，人员之间的人均年收入差距也最小，贫困发生率为 0.050 1，表明在这类职业中贫困人口占比为 5.01%。这和人们的日常认知相符，即公务员的收入较稳定，公务员之间的差距不大，而非固定职业者的收入波动较大，并且内部收入差距也过大。

表 3-5　贫困指数

职业类型	贫困线 20 585 元			贫困线 14 400 元			贫困线 7 000 元		
	贫困广度	贫困深度	贫困强度	贫困广度	贫困深度	贫困强度	贫困广度	贫困深度	贫困强度
单位负责人	18.66	4.18	1.56	5.91	1.31	0.39	0.13	0.00	0.00
专业技术人员	23.58	5.71	2.14	7.65	1.72	0.56	0.39	0.08	0.03
公务员、办事人员和有关人员	19.29	4.13	1.48	5.01	1.12	0.39	0.41	0.07	0.03
生产和生活服务人员	40.23	11.05	4.53	15.26	3.96	1.46	1.27	0.30	0.11
生产制造人员	40.34	10.74	4.23	14.68	3.59	1.25	0.89	0.19	0.06
非固定职业者	59.48	23.02	11.88	36.01	12.24	5.55	7.05	1.81	0.66

注：为了方便结果的报告，表中所有的贫困指标都在原始值的基础上乘以 100。

3.5.1.3 贫困特征的空间分布

根据式（3.1）进行流动人口贫困发生率的测度，测度出分样本各省流动人口的贫困发生率（见表3-6）。从表3-6中可以看出，随着贫困线的提高，各地区的贫困发生率不断增加，也就是说，贫困线越高，家庭人均年收入在贫困线以下的人口比例越高；贫困线越低，家庭人均年收入在贫困线以下的人口占比越低。整体来看，中国各省份流动人口的贫困发生率呈现出省域"极差化"与区域"不均衡"的特征，以贫困线14 400元为例，贫困发生率最大值为宁夏回族自治区的0.441 8，最小值为上海市的0.044 5，最大值约为最小值的10倍，贫困发生率小于0.1的省份共有8个，0.1~0.2的省份共有13个，0.2~0.3的省份共有7个，大于0.3的省份共有4个，所有研究省份的贫困发生率均值为0.175 4。据此可以推测，中国的流动人口贫困发生率整体处于较低水平。分区域来看，贫困发生率整体上呈现出西高东低的特征，东部地区的贫困发生率低于中西部地区，中部地区的贫困发生率低于西部地区。东部地区的贫困发生率均值为0.095 1；中部地区的贫困发生率均值为0.158 7；西部地区的贫困发生率均值为0.253 6。

表3-6 流入省份流动人口的贫困发生率

省份	贫困线			省份	贫困线		
	20 585 元	14 400 元	7 000 元		20 585 元	14 400 元	7 000 元
安徽省	0.353 0	0.100 1	0.006 3	辽宁省	0.333 5	0.101 6	0.005 3
北京市	0.181 1	0.050 3	0.003 2	内蒙古自治区	0.553 2	0.220 0	0.014 1
福建省	0.286 6	0.076 2	0.004 5	宁夏回族自治区	0.677 2	0.441 8	0.101 9
甘肃省	0.517 3	0.223 5	0.015 6	青海省	0.677 2	0.253 6	0.033 4
广东省	0.281 9	0.085 4	0.006 1	山东省	0.284 2	0.058 9	0.002 1
广西壮族自治区	0.519 8	0.243 2	0.012 8	山西省	0.640 9	0.324 8	0.028 8
贵州省	0.548 8	0.253 5	0.033 4	陕西省	0.526 4	0.230 9	0.018 0
海南省	0.476 6	0.196 6	0.011 9	上海市	0.189 8	0.044 5	0.001 5
河北省	0.426 2	0.172 7	0.007 5	四川省	0.443 0	0.172 9	0.011 2
河南省	0.407 1	0.155 0	0.006 8	天津市	0.381 0	0.110 1	0.005 7
黑龙江	0.401 9	0.138 4	0.011 2	西藏自治区	0.227 0	0.089 7	0.005 7
湖北省	0.458 1	0.149 8	0.009 6	新疆维吾尔自治区	0.593 9	0.338 5	0.061 2
湖南省	0.376 7	0.140 0	0.009 0	云南省	0.535 3	0.282 8	0.038 0
吉林省	0.386 1	0.134 5	0.009 5	浙江省	0.296 1	0.077 7	0.003 1

表3-6(续)

省份	贫困线			省份	贫困线		
	20 585 元	14 400 元	7 000 元		20 585 元	14 400 元	7 000 元
江苏省	0.266 5	0.072 3	0.004 9	重庆市	0.369 0	0.127 6	0.008 0
江西省	0.409 6	0.126 7	0.007 0				

在人均年收入 14 400 元的贫困标准下，中国各地级市流动人口的贫困发生率整体上呈现出区域"不平衡"、地级市"极差化"和贫困发生率与经济发展水平成反比的特征。中国流动人口的贫困发生率整体上呈现西高东低的态势，东部地区的贫困发生率大部分处于 0.3 以下，而中部地区贫困发生率处于 0.3 以下部分所占比例显著高于西部地区。其中，安徽省的淮北市、山西省的长治市和宁夏回族自治区的中卫市的流动人口贫困发生率最高，超过了 0.7，广西壮族自治区的贵港市、山东省的日照市、广东省的汕尾市和河南省的漯河市的贫困发生率最低为 0，说明中国贫困发生率各地区之间的差距过大。同时结果显示，贫困发生率较低的地区也伴随着较高的经济发展水平，如北京市、山东省、江苏省等的贫困发生率较低，而扶贫改革试验区之一的宿迁市，贫困发生率超过了 0.5。

3.5.2 基于多维贫困指数的贫困测度结果

3.5.2.1 基于多维贫困指数的贫困特征

本章采用 2016 年全国流动人口卫生计生动态监测调查数据，根据前文介绍的方法进行流动人口的多维贫困测度，测度出全样本流动人口的多维贫困指数（见表3-7）。从表3-7的结果可以看出，随着多维贫困临界值 K 的不断变化，三条贫困线下的多维贫困指数呈现出一致的变化趋势，即流动人口的多维贫困发生率不断下降，贫困剥夺份额不断增加，多维贫困指数不断下降。这表明，临界值 K 越高，被识别为多维贫困的流动人口占比越小，被剥夺的份额越大和程度越小。

当考察流动人口至少存在一个剥夺指标（$K = 0.1$）时，例如，在贫困标准为 14 400 元的条件下，流动人口的多维贫困发生率为 0.810 9，贫困剥夺份额为 0.343 1，多维贫困指数为 0.272 8。也就是说，至少有一个指标没有达到剥夺临界值的流动人口占比 0.810 9。当考察流动人口在全部指标均存在剥夺（$K = 0.9$）时，在贫困标准为 14 400 元的条件下，流动人口的多维贫困发生率为 0.000 2，贫困剥夺份额最大为 1，多维贫困指数为 0.000 2，即 0.02% 的流动人口在所有的指标中均存在剥夺。另外，研究发现流动人口处于四维以上多维贫困的发生率为 0.085 2，处于二维多维贫困和三维多维贫困的发生率分别为 0.690 3 和 0.422 6，由此，我们得知，流动人口处于四维以上极度贫困的家庭很少，大多数流动人口处于二维多维贫困和三维多维贫困。

表 3-7　流动人口多维贫困情况

剥夺临界值（K）	贫困线 20 585 元			贫困线 14 400 元			贫困线 7 000 元		
	H	A	M_0	H	A	M_0	H	A	M_0
$K=0.1$	0.843 3	0.404 1	0.340 8	0.810 9	0.343 1	0.278 2	0.797 5	0.299 4	0.238 7
$K=0.2$	0.754 8	0.436 8	0.329 7	0.690 3	0.381 2	0.263 1	0.662 9	0.334 7	0.221 9
$K=0.3$	0.540 0	0.511 2	0.276 0	0.422 6	0.464 3	0.196 2	0.349 4	0.410 8	0.143 5
$K=0.4$	0.362 5	0.577 8	0.209 5	0.195 7	0.567 4	0.111 1	0.080 7	0.530 0	0.042 8
$K=0.5$	0.184 1	0.653 1	0.120 2	0.085 1	0.655 8	0.055 8	0.015 8	0.652 9	0.010 3
$K=0.6$	0.184 1	0.653 1	0.120 2	0.085 1	0.655 8	0.055 8	0.015 8	0.652 9	0.010 3
$K=0.7$	0.037 2	0.764 3	0.028 4	0.018 4	0.767 4	0.014 1	0.003 2	0.764 4	0.002 4
$K=0.8$	0.003 8	0.891 8	0.003 4	0.002 3	0.888 2	0.002 1	0.000 4	0.875 0	0.000 3
$K=0.9$	0.000 5	1.000 0	0.000 5	0.000 2	1.000 0	0.000 2	0.000 0	1.000 0	0.000 0

3.5.2.2　多维贫困的职业对比

流动人口的职业类型不仅会对其收入水平产生影响，而且会对其生活的其他方面产生潜移默化的影响。基于此，我们按流动人口的不同职业类型，对多维贫困指数作进一步分解。联合国多维贫困指数（MPI）建议将 $K=0.33$[①] 设为多维贫困临界值，也就是说，通常将个体 i 面临的剥夺的加权平均数大于 0.33 认定为多维贫困个体。因此，本章选取了 $K=0.3$、$K=0.4$、$K=0.5$ 共 3 个 K 值来研究流动人口的职业类型对多维贫困指数的影响，测算出的多维贫困指数见表 3-8。从表 3-8 可以看出，和表 3-7 类似，随着贫困线的提高，流动人口的多维贫困指数（M_0）不断提高，随着多维贫困临界值 K 的增加，多维贫困指数（M_0）不断下降。分析发现，在不同的贫困标准和多维贫困临界值下，多维贫困指数最高的职业均为非固定职业者，表明此类职业被剥夺程度最高；最低的均为单位负责人，显示其被剥夺程度最低。

①　2010 年联合国与牛津大学共同开发出多维贫困指数（MPI），从健康、教育、生活水平方面反映了多维贫困，赋予各维度相同的权重（1/3），当家庭的多维贫困剥夺分值大于 1/3（0.33）时，确定该家庭为多维贫困家庭。

表 3-8　多维贫困指数

职业类型	贫困线 20 585 元			贫困线 14 400 元			贫困线 7 000 元		
	$K=0.3$	$K=0.4$	$K=0.5$	$K=0.3$	$K=0.4$	$K=0.5$	$K=0.3$	$K=0.4$	$K=0.5$
单位负责人	0.012 5	0.012 5	0.000 0	0.012 5	0.012 5	0.000 0	0.000 0	0.000 0	0.000 0
专业技术人员	0.107 6	0.076 6	0.039 0	0.064 1	0.033 1	0.013 4	0.047 9	0.012 7	0.001 4
公务员和办事人员	0.093 8	0.079 7	0.048 4	0.071 9	0.060 2	0.035 2	0.046 1	0.032 0	0.003 9
生产和生活服务人员	0.266 4	0.191 2	0.101 5	0.184 6	0.092 2	0.040 6	0.139 0	0.034 5	0.004 1
生产制造人员	0.289 7	0.225 6	0.125 0	0.201 3	0.109 8	0.054 0	0.148 0	0.038 2	0.008 6
非固定职业者	0.378 6	0.322 1	0.205 3	0.302 3	0.220 2	0.121 7	0.205 0	0.080 0	0.024 0

3.5.2.3　多维贫困的空间分布

根据公式（3.4）进行流动人口的多维贫困测度，测度出分样本各省份流动人口的多维贫困指数（见表 3-9）。从表 3-9 的结果可以看出，随着贫困线的提高，流动人口的多维贫困指数（M_0）不断增加，而随着多维贫困临界值 K 的增加，多维贫困指数（M_0）不断下降。当 $K=0.3$ 时，多维贫困指数最大的为内蒙古自治区和青海省，最小的为重庆市；当 $K=0.4$ 时，最大的为青海省和新疆维吾尔自治区，最小的为重庆市和安徽省；当 $K=0.5$ 时，最大的为青海省和宁夏回族自治区，最小的为重庆市、西藏自治区和陕西省。可以看出，随着 K 的变化，多维贫困指数的最大值、最小值的归属省份不断变化，由此可以推测，多维贫困不仅与经济发展有关，还受其他因素如国家政策、地方政策等的影响。

表 3-9　流入省份流动人口的多维贫困指数

省份	贫困线 20 585 元			贫困线 14 400 元			贫困线 7 000 元		
	$K=0.3$	$K=0.4$	$K=0.5$	$K=0.3$	$K=0.4$	$K=0.5$	$K=0.3$	$K=0.4$	$K=0.5$
安徽省	0.219 0	0.162 9	0.080 2	0.137 8	0.062 5	0.023 1	0.093 0	0.011 8	0.000 0
北京市	0.211 5	0.146 6	0.091 9	0.145 5	0.060 2	0.031 3	0.127 2	0.028 8	0.005 8
福建省	0.210 7	0.171 7	0.077 6	0.122 9	0.058 6	0.022 1	0.090 6	0.016 9	0.000 0
甘肃省	0.300 1	0.180 2	0.111 7	0.234 8	0.092 0	0.036 2	0.180 2	0.033 6	0.003 2
广东省	0.200 5	0.137 7	0.085 7	0.145 1	0.065 3	0.024 6	0.120 8	0.033 4	0.002 8
广西壮族自治区	0.320 9	0.248 5	0.179 6	0.223 9	0.125 0	0.081 7	0.155 5	0.041 8	0.012 3
贵州省	0.310 7	0.249 0	0.132 5	0.197 3	0.117 5	0.073 3	0.131 5	0.030 6	0.012 6
海南省	0.278 4	0.178 3	0.124 3	0.181 8	0.068 9	0.040 5	0.144 2	0.022 7	0.000 0
河北省	0.251 5	0.187 3	0.069 7	0.150 9	0.083 7	0.027 9	0.096 1	0.019 9	0.000 0
河南省	0.259 4	0.163 4	0.082 7	0.160 9	0.076 8	0.041 3	0.109 7	0.025 6	0.009 8
黑龙江	0.369 8	0.297 5	0.164 7	0.260 4	0.164 7	0.057 9	0.237 0	0.123 7	0.016 9

表3-9（续）

省份	贫困线 20 585 元			贫困线 14 400 元			贫困线 7 000 元		
	K=0.3	K=0.4	K=0.5	K=0.3	K=0.4	K=0.5	K=0.3	K=0.4	K=0.5
湖北省	0.293 9	0.228 0	0.132 3	0.179 2	0.084 0	0.041 0	0.138 7	0.027 3	0.000 0
湖南省	0.205 4	0.154 0	0.062 8	0.138 5	0.090 2	0.038 4	0.080 9	0.034 2	0.005 2
吉林省	0.367 9	0.271 3	0.204 3	0.274 5	0.131 4	0.079 9	0.222 3	0.054 1	0.025 8
江苏省	0.202 4	0.135 9	0.060 5	0.137 2	0.061 8	0.011 6	0.124 3	0.044 0	0.001 7
江西省	0.259 0	0.199 1	0.062 5	0.144 3	0.076 7	0.027 7	0.103 1	0.025 8	0.010 3
辽宁省	0.295 6	0.189 5	0.117 2	0.228 2	0.088 2	0.048 6	0.198 7	0.039 9	0.002 6
内蒙古自治区	0.420 4	0.352 3	0.265 6	0.304 9	0.177 9	0.127 5	0.234 9	0.068 5	0.030 2
宁夏回族自治区	0.411 0	0.365 5	0.193 8	0.349 1	0.282 8	0.146 5	0.190 0	0.085 0	0.053 0
青海省	0.414 1	0.375 0	0.276 0	0.352 9	0.292 3	0.232 4	0.239 6	0.095 1	0.037 8
山东省	0.218 2	0.165 2	0.082 2	0.133 8	0.059 6	0.017 2	0.115 3	0.035 8	0.002 2
山西省	0.367 8	0.324 9	0.108 9	0.273 8	0.214 0	0.046 7	0.109 4	0.037 9	0.002 9
陕西省	0.242 2	0.192 8	0.059 1	0.170 5	0.122 6	0.029 6	0.076 6	0.015 5	0.000 0
上海市	0.166 7	0.128 1	0.079 8	0.129 3	0.081 4	0.044 0	0.104 0	0.046 7	0.007 8
四川省	0.276 9	0.208 3	0.110 8	0.176 8	0.091 5	0.048 8	0.117 4	0.015 2	0.005 1
天津市	0.296 4	0.234 2	0.163 0	0.215 9	0.128 5	0.073 1	0.174 6	0.051 4	0.000 0
西藏自治区	0.183 9	0.114 1	0.029 8	0.130 8	0.048 0	0.004 4	0.100 3	0.017 4	0.000 0
新疆维吾尔自治区	0.387 0	0.337 4	0.243 5	0.287 5	0.226 4	0.140 0	0.219 0	0.126 0	0.040 0
云南省	0.361 6	0.291 7	0.168 7	0.292 7	0.200 4	0.109 1	0.184 0	0.073 9	0.038 2
浙江省	0.303 5	0.196 2	0.143 0	0.246 1	0.101 4	0.059 3	0.215 1	0.050 4	0.012 7
重庆市	0.138 7	0.079 9	0.000 0	0.090 2	0.032 8	0.021 1	0.073 5	0.016 2	0.002 5

在收入剥夺临界值为人均年收入 14 400 元（即 $z = 14\,400$）和贫困临界值为 0.4（即 $K = 0.4$）的条件下，中国各地级市流动人口的多维贫困指数整体上呈现出区域"不平衡"和地级市"极差化"的特征。从全国调查地区的视角来看，流动人口的多维贫困指数分布不均衡，大致呈现出"西北高，东南低"的特征。高多维贫困指数家庭主要分布在新疆维吾尔自治区、青海省、云南省、黑龙江省等地区（样本相对较少，以高多维贫困指数家庭为主），而低多维贫困指数家庭主要分布在广东省、福建省、山东省、江苏省等地区。同时可以看到，多维贫困指数最高的地区为云南省的红河哈尼族彝族自治州，达到了0.556 3；多维贫困指数最低可为 0，如广东省的江门市、河南省的平顶山市、吉林省的白城市等，这表明中国各地级市的流动人口多维贫困指数差距过大。

3.5.3 基于贫困脆弱性的贫困测度结果

3.5.3.1 基于贫困脆弱性的贫困特征

表 3-10 汇报了总样本流动人口的贫困脆弱性状况。首先，采用 29% 作为脆弱线，在 20 585 元的贫困线下，脆弱率为 0.946 5；在 14 400 元的贫困线下，脆弱率为 0.801 8；在 7 000 元的贫困线下，脆弱率为 0.230 1；采用 50% 作为脆弱线标准，在 20 585 元的贫困线下，脆弱率为 0.872 8；在 14 400 元的贫困线下，脆弱率为 0.655 0；在 7 000 元的贫困线下，脆弱率为 0.107 9；采用 75% 作为脆弱线标准，总样本流动人口的贫困脆弱率会下降，在 20 585 元的贫困线下，脆弱率为 0.728 5；在 14 400 元的贫困线下，脆弱率为 0.430 1；在 7 000 元的贫困线下，脆弱率为 0.034 0。可以看出，在同一贫困线下，随着脆弱线标准的不断提高，流动人口的脆弱率不断下降，也就是说脆弱线越高，总样本中流动人口未来陷入贫困的人口占比越低；在同一脆弱线下，随着贫困线的提高，脆弱率会不断增加，也就是说，贫困标准越高，流动人口未来陷入贫困的人口占比越高。

表 3-10　总样本中脆弱性流动人口占比

脆弱线标准	29%概率值			50%概率值			75%概率值		
贫困线/元	20 585	14 400	7 000	20 585	14 400	7 000	20 585	14 400	7 000
脆弱率	0.946 5	0.801 8	0.230 1	0.872 8	0.655 0	0.107 9	0.728 5	0.430 1	0.034 0
不脆弱率	0.053 5	0.198 2	0.769 9	0.127 2	0.345 0	0.892 1	0.271 5	0.569 9	0.966 0

3.5.3.2 贫困脆弱性的职业对比

考虑到流动人口的职业类型不仅对其现在的收入水平和生活水平产生影响，对其未来的收入水平和生活水平也会产生影响，我们按流动人口的职业类型，对贫困脆弱性指数进行分解。表 3-11 汇报了各职业类型的流动人口在不同贫困标准下的贫困脆弱性状况，从表 3-11 中可以看出，随着贫困线的提高，各类职业的脆弱性指数不断增加，流动人口未来陷入贫困的概率不断增大。通过分析，我们可以看到，贫困线为 20 585 元时，贫困脆弱性最高的职业类型为生产制造人员，最低的为单位负责人；贫困线为 14 400 元和 7 000 元时，贫困脆弱性最高的职业类型均为非固定职业者，最低的均为公务员和办事人员。以上情况反映出，不同职业的流动人口在收入、福利水平等方面存在差异，导致不同职业的流动人口的贫困脆弱性不同且存在巨大差距。贫困标准为 20 585 元下生产制造人员的贫困脆弱性指数最高，达到了 0.888 4，也就是说，这类职业中的流动人口未来发生贫困的概率高达 88.84%，在同一贫困标准下，最低的单位负责人未来也有 61.71% 的概率陷入贫困，两者之间的贫困脆弱性支出差距高达 27.13%。

表 3-11　贫困脆弱性

职业类型	贫困线		
	20 585 元	14 400 元	7 000 元
单位负责人	0.617 1	0.369 7	0.056 3
专业技术人员	0.668 6	0.434 5	0.095 7
公务员和办事人员	0.622 8	0.359 2	0.047 6
生产和生活服务人员	0.809 4	0.601 5	0.161 8
生产制造人员	0.888 4	0.718 8	0.231 3
非固定职业者	0.870 5	0.729 0	0.323 7

3.5.3.3　贫困脆弱性的空间分布

表 3-12 汇报了全国调查省份流动人口的贫困脆弱性指数。从表 3-12 可以看出，一方面，随着贫困标准的提高，各省的脆弱性指数也在增加，表明各省流动人口未来陷入贫困的概率也在不断增加；另一方面，可以看到在不同的贫困标准下，流动人口脆弱性均值最大的三个省份和最小的三个省份不同，表明各省的贫困脆弱性指数对贫困线的变化比较敏感。

从整体视角来看，以贫困线为 14 400 元为例，全国调查各省流动人口的贫困脆弱性指数均超过了 29%，也就是说，在低贫困脆弱性标准下，全国流动人口均具有贫困脆弱性，即未来都会陷入贫困。除北京市和上海市外，其他省份的流动人口贫困脆弱性指数较高，脆弱性指数均超过了 50%，表明在中贫困脆弱性标准下，流动人口未来会陷入贫困。而在高脆弱性标准下，只有山西省和宁夏回族自治区在未来会陷入贫困。总体来看，中国流动人口贫困脆弱性较高，贫困程度较深。从区域视角来看，中国各地区流动人口贫困脆弱性整体呈现出均衡分布的特征。各省域的贫困脆弱性指数分布较为集中，除北京市、上海市、山西省和宁夏回族自治区外，其他调查省份的流动人口脆弱性指数均集中分布在 0.5~0.75。

表 3-12　流入省份流动人口的贫困脆弱性

省份	贫困线			省份	贫困线		
	20 585 元	14 400 元	7 000 元		20 585 元	14 400 元	7 000 元
安徽省	0.804 2	0.547 9	0.085 4	辽宁省	0.785 2	0.528 8	0.091 8
北京市	0.573 2	0.383 7	0.110 0	内蒙古自治区	0.858 2	0.651 4	0.152 7
福建省	0.781 5	0.544 7	0.103 4	宁夏回族自治区	0.911 1	0.790 4	0.397 1
甘肃省	0.868 3	0.691 3	0.204 1	青海省	0.886 2	0.746 2	0.320 9
广东省	0.768 5	0.543 1	0.126 7	山东省	0.824 8	0.567 3	0.085 1
广西壮族自治区	0.838 5	0.657 0	0.198 9	山西省	0.925 7	0.793 5	0.309 3
贵州省	0.835 1	0.654 6	0.211 6	陕西省	0.878 8	0.704 5	0.231 0
海南省	0.822 3	0.622 7	0.164 9	上海市	0.658 3	0.453 7	0.117 1
河北省	0.888 0	0.724 1	0.253 1	四川省	0.837 8	0.628 6	0.157 1
河南省	0.823 7	0.617 4	0.170 0	天津市	0.836 9	0.652 2	0.190 9
黑龙江	0.850 4	0.622 6	0.125 5	西藏自治区	0.764 3	0.565 5	0.203 8
湖北省	0.852 6	0.653 5	0.155 1	新疆维吾尔自治区	0.889 7	0.744 5	0.315 6
湖南省	0.781 8	0.558 2	0.133 4	云南省	0.864 1	0.710 0	0.283 0
吉林省	0.778 3	0.532 8	0.108 0	浙江省	0.844 3	0.652 7	0.185 1
江苏省	0.812 8	0.608 2	0.169 7	重庆市	0.776 8	0.556 1	0.131 9
江西省	0.846 3	0.651 6	0.172 4				

　　贫困线在 14 400 元的条件下，中国各地级市流动人口的贫困脆弱性指数总体上处于高脆弱性状态。各地级市贫困脆弱性概率值大部分都处于 0.5 以上，说明中国流动人口未来发生贫困的概率较高。其次，各地级市流动人口的贫困脆弱性指数呈现出极差化的特征，其中宁夏回族自治区的中卫市的流动人口贫困脆弱性概率最高，达到了 0.959 7，而云南省的迪庆藏族自治州的贫困脆弱性概率最低，为 0.064 1，最高值为最低值的 14.97 倍，说明中国地级市的流动人口脆弱性差距较大。最后，从分区域的视角来看，东、中、西部地区贫困脆弱性指数的分布较为均衡，没有明显的分布差异。

3.6 本章小结

本章采用全国流动人口卫生计生动态监测调查 2016 年数据，从收入贫困、多维贫困和贫困脆弱性三个角度，比较分析了不同职业类型和不同区域的中国流动人口的贫困状况。研究发现：从收入贫困角度来看，中国流动人口存在严重的相对贫困，贫困发生率最高可达 0.394 2；在职业类型上，非固定职业者的贫困发生率最高；在空间分布上，贫困发生率大体上呈现出自东向西逐渐升高的特点。从多维贫困角度来看，流动人口处于深度多维贫困的家庭极少，大多数家庭处于二维或三维贫困；在职业类型上，非固定职业者多维贫困指数最高，表明其福利损失最高；在空间分布上，全国各地区的多维贫困指数差距较大，大致呈现西北高、东南低的特征。从贫困脆弱性角度来看，未来陷入贫困的流动人口占比最高可达 0.946 5，说明中国流动人口的脆弱性问题不容忽视；在不同的职业类型中，生产制造人员的贫困脆弱性最高，其未来有 0.888 4 的概率陷入贫困；在空间分布上，各地区流动人口的贫困脆弱性分布较为均衡。

基于上文的测算结果与研究结论，本章提出以下政策建议：

第一，随着 2020 年农村绝对贫困的消除，中国的扶贫思路将从解决农村绝对贫困转换到解决城乡相对贫困上来。流动人口贫困作为城市贫困的重要组成部分，目前的贫困问题已非常严峻，我们应高度重视和关注这一特殊群体的贫困问题，将其纳入整体扶贫战略之中，构建城乡统一、区域相连的扶贫体系。

第二，考虑到流动人口贫困的复杂性，政府在扶贫过程中应以多维度视角关注流动人口的贫困现状，还需要以动态的视角关注流动人口未来的贫困状况，防止出现已脱贫家庭返贫现象。政府应制定覆盖生活各领域的，有预防性、警惕性和长效扶贫机制的，针对流动人口贫困的扶贫政策。当然，解决流动人口的贫困问题不能仅靠一方力量，需要动员全社会的力量，构建政府、社会、家庭及个人的共同努力的大扶贫格局。

第三，工作收入作为流动人口收入的重要组成部分，从事的工作类型会对贫困指数产生一定的影响，稳定性较低的职业偏向于较高的贫困指数，稳定性较高的职业偏向于较低的贫困指数。本章的研究可以让人们认识到，提高流动人口的就业质量在推动流动人口减贫进程中具有十分重要的战略地位。因此，对流动人口的扶贫方向应以加强就业为导向，扶贫政策应以加强流动人口的高质量就业为目的。

第四，由于中国流动人口的收入贫困指数、多维贫困指数和贫困脆弱性指数的空间分布特征呈现出显著的差异，因此，政府在制定流动人口扶贫政策时，不能根据贫困理论盲目的开展工作，而要深入各地区进行实地考察，结合各地区流动人口贫困实际状况来制定扶贫政策。例如，中国流动人口收入贫困指数呈现出"西部较高，中部次之，东部最低"的空间分布特征，中国制定的以收入为导向的流动人口扶贫政策应加强对中部和西部地区的扶贫支持；多维贫困指数呈现出"西北高，东南低"的分布特征，政府在扶贫工作中对西北地区的教育、医疗、生活状况等维度应该给予重点关注；从整体上看，流动人口贫困脆弱性的空间分布较为均衡，政府制定的针对解决流动人口贫困脆弱性的扶贫政策应"一视同仁"。

4 流动人口获得基本公共卫生服务的隐形壁垒

4.1 引言

美国 CDC 前主任费和平认为，在过去的一个世纪里，世界上大部分的健康收益是由公共卫生贡献的，防控疫情暴发更需要积极发挥公共卫生系统的作用①。不积跬步无以至千里，打造"战平结合、平战结合"的公共卫生"防、控、治、研、学、产"体系，首先要提供优质、高效和公平的基本公共卫生服务。作为公共卫生体系的"守门人"，基本公共卫生服务承担着"保基本""强基层"的使命，是守护群众健康的第一道防线。《"健康中国 2030"规划纲要》要求，强化覆盖全民的公共卫生服务，推进基本公共卫生服务均等化，尽快实现人人享有基本医疗卫生服务的宏伟目标。作为公益性的公共卫生干预措施，基本公共卫生服务包含健康教育、预防接种、重点人群健康管理和计划生育等多项服务内容，从 2012 年开始基本公共卫生服务财政投入占公共卫生总额的 30% 以上，2018 年已达到 38.9%②。

2019 年中国流动人口达到 2.36 亿人，占全国总人口近 17%，在流动人口日益成为城市新增人口主力的背景下，基本公共卫生服务不能忽视这群城市的边缘人。2013 年国家卫生和计划生育委员会组建后，提出统筹推进流动人口卫生和计生基本公共服务均等化。2016 年国家为提高流动人口基本公共卫生计生服务的可及性和利用率，特别制定了《流动人口健康教育和促进行动计

---

① 美国 CDC 前主任费和平. 中国为全球其他国家争取了时间 ［EB/OL］. （2020－03－03）［2020－07－16］. http://finance.sina.com.cn/review/hgds/2020－03－03/doc-iimxxstf5905689.shtml.

② 数据来源于财政部公布的历年全国财政决算。

划（2016—2020 年）》。然而，伴随着大量流动人口在城市聚集，潜在疾病暴发风险不断叠加，公共卫生体系仍然无法满足如此大规模的人口迁徙，公共卫生产品的供求失衡问题日益突出。传统研究强调户籍制度、地方财政偏袒、信息鸿沟等因素对流动人口获取公共服务的不利影响，其大多是从制度设计和管理技术上探寻地方政府未能有效提供基本公共服务的内在驱动力。结合户籍属地与文化区域高度重叠的客观事实，户籍身份阻碍流动人口获得卫生服务的过程中也包含了文化差异所带来的潜在影响。根据费孝通的差序格局假说，地缘相近可以增进归属感，而文化是地域性群体的精神纽带，依附着地缘文明影响群体的社会认同。近年来，方言作为传统地域文化的基本载体，被学者们视为文化差异、文化多样性的理想度量指标。共同的语言可以降低流动人口的沟通成本，促进社会融合，有利于构建新的社会关系网络。与之相反，劳动力跨方言区流动不仅意味着更低的身份认同，还可能导致公共服务歧视性供给现象的产生。

然而，准确识别出流动人口方言障碍与基本公共卫生服务获得的因果关系，仍然缺乏实证上的充分验证和客观评判。流动人口基本公共卫生服务供给不足在多大程度上来自方言障碍的影响，卫生公平是否同时面临户籍和方言的双重壁垒？方言阻碍效应是否存在异质性，会因劳动力个体特征差异和流入城市差别而呈现出不同的结果？方言障碍究竟是通过何种渠道对卫生服务获得造成了影响，如何制定消除这一影响的政策，进而使全民享有均等化的基本公共卫生服务？这一系列问题涉及乡村振兴、新型城镇化、健康中国等诸多重大发展战略，科学的量化研究与客观评估不仅有益于分析流动人口基本公共卫生服务均等化进程中应该做什么以及采取什么方式更为有效，而且对补齐国家治理体系短板具有重要意义。

本章利用方言数据测度文化差异，基于《汉语方言大词典》《中国语言地图集》及 1986 年《中华人民共和国行政区划简册》识别了外来人口所在的流入地和流出地的方言，采用 2017 年流动人口与户籍人口对比专题调查数据构建公共卫生服务指标，全面评估了方言障碍对流动人口卫生服务获得的阻碍效应、异质性、传导机制及其带来的经济后果。相对于既有研究而言，本章可能的边际贡献在于：①从方言视角分析了流动人口获得卫生服务的隐形壁垒，有助于从文化差异角度揭示基本公共卫生服务非均等化的成因，丰富和完善了语言经济学、基本公共服务等领域研究文献；②在研究设计上，基于精确的流出区县与流入区县地理坐标，构造了方言障碍指标和方言距离指数，以缓解直接度量流动人口所讲方言可能带来的内生性问题，并且采用了三种方法构建出信息充分的基本公共卫生服务指标体系，以期多维度、多视角地展示流动人口卫生服务获得状况；③探讨了方言阻碍效应的异质性及其背后存在的影响机制，深入分析了卫生服务不足的经济后果，为推进健康中国建设提供了微观证据。

4.2 文献评述与制度背景

4.2.1 文献评述

弥合健康差距，消除决定卫生不公平的社会经济因素，为全体居民构筑公共卫生安全屏障，一直是许多国家公共卫生治理体系的核心目标。为了扩大基本公共卫生服务覆盖面和提高弱势群体卫生服务可及性，世界各国政府因时、因地设定了相应的卫生政策，其政策实施效果如何？流动人口等弱势群体是否受益？影响卫生资源配置公平的障碍何在？国内外学者围绕相关主题进行了多层次、多角度的深入研究，以寻找实现卫生公平的最佳方略。

4.2.1.1 流动人口的基本公共卫生服务

流动人口是中国独特的户籍制度下产生的一个群体，国外一般没有"流动人口"这一概念，与之特征相近的群体称为"不规则移民"和"非登记移民"。即使在发达国家，这一群体也会因沟通不畅、文化误解、医疗资源不足以及制度上的保护政策缺失，遭遇其享受卫生健康服务权益的障碍。中国强调不同地区、不同阶层平等地获得公共卫生服务，在实现基本公共卫生服务均等化过程中强调机会均等和结果均等。当前我国基本公共卫生均等化程度还不高，呈现出地区间资源配置不均衡和城乡间卫生服务不平等并存的现象。王晓洁[①]认为由于省际经济差异和财力差距，东部省份卫生均等化水平高于中西部省份。受制于城乡二元结构，农村人均公共卫生财政支持较少，卫生医疗机构建设和资源投入不足。

虽然大规模的流动人口在城市经济增长过程中发挥了重要作用，但受户籍制度的制约，其未能享受与当地户籍人口大致均等的公共服务。2013年开展的流动人口卫生计生基本公共服务均等化试点工作，只略微提高了其获得电子健康记录服务的概率。一方面，客观环境约束造成流动人口公共卫生服务可及性偏低，比如拥挤且易生病菌的居住条件、工作不稳定、社会融合度低等；另

---

① 王晓洁. 中国公共卫生支出均等化水平的实证分析：基于地区差别视角的量化分析 [J]. 财贸经济，2009（2）：46-49.

一方面，公共卫生资源配置时面临财政投入"错位"、管理机制不健全、户籍约束等外部制度障碍。刘尚希[①]认为现行财政体制无论是收入和支出责任的划分还是转移支付制度的安排，都是以假定人口不流动为前提，流动人口公共服务供给在传统财政体制框架中是一个盲区。农民工市民化更多表现为中央政府收益，而成本更多表现为地方政府的支出成本。流出地政府对本地人力资本投入承担了全部事权，但人力资本投资的利益却要与流入地政府分享。

4.2.1.2　方言的偏爱效应

方言是划分地域族群和识别身份的重要标志，流动人口能够掌握当地语言或者自身语言与流入地方言相近，能更好适应当地主流文化规范和价值观念，从而获得一定的"偏爱"。Bleakley 和 Chin[②]发现熟练掌握流入地方言可以克服就业市场分割或信息不对称带来的信息障碍，从而提高劳动者收入。Chiswick 和 Miller[③]证实移民者流入地与流出地语言相似可以显著降低个体就业信息搜集成本，增加潜在就业机会。Falck 等[④]基于引力模型衡量了德国各地区方言相似性，发现方言相似程度增加会显著提高劳动力收入。随着普通话在全中国范围内普及，方言已经不再阻碍各地之间的信息沟通，但作为地域特色文化的载体，掌握当地方言仍能为劳动者带来收入溢价。Chen 等[⑤]运用吴语听说能力作为衡量当地方言掌握程度的指标，证实了讲本地话的收入增长效应。

方言为何表现出收入偏爱效应，大多数文献认为内在机制是身份认同。Bleakley 和 Chin[⑥]发现语言的文化属性会影响个体在流入地的身份认同感，能讲当地语言可以促进以信息交流和资源共享为基础的社会网络关系扩展。流动人口对于居住地方言的掌握程度是对本地文化价值观接受程度的具象表现，影响其城市认同感。方言能够影响收入、创业和融资信贷等经济绩效，主要原因

①　刘尚希. 中国城镇化对财政体制的"五大挑战"及对策思路 [J]. 地方财政研究，2012（4）：4-10.

②　BLEAKLEY H, CHIN A. Language skills and earnings：Evidence from childhood immigrants [J]. Review of Economics and Statistics，2004，86（2）：481-496.

③　CHISWICK B R, MILLER P W. Occupational language requirements and the value of English in the US labor market [J]. Journal of Population Economics，2010，23（1）：353-372.

④　FALCK O, LAMELI A, RUHOSE J. Cultural biases in migration：Estimating non-monetary migration costs [J]. Papers in Regional Science，2018，97（2）：411-438.

⑤　CHEN Z, LU M, XU L. Returns to dialect：Identity exposure through language in the Chinese labor market [J]. China Economic Review，2014，30：27-43.

⑥　BLEAKLEY H, CHIN A. Age at arrival, English proficiency, and social assimilation among US immigrants [J]. American Economic Journal：Applied Economics，2010，2（1）：165-192.

在于建立起了社会信任。魏下海等①检验了方言对流动人口创业行为的影响，发现掌握流入地方言有利于搭建良好的社会网络并减少身份歧视。卢盛峰和陈悦②使用 2015 年流动人口卫生计生动态监测数据，研究发现讲本地话增进了流动人口的社会融合。

此外，方言不通伴随的文化差异也会减少公众的社会参与度，从而降低公共产品的供给效率和政府政策的实施效果。由此可见，掌握当地方言的流动人口基于身份认同和社会信任，可能会获得更好的公共卫生服务。已有研究更多关注的是语言对经济收入的影响，从方言视角评估公共卫生服务可及性的实证研究较少。从理论机制看，卫生资源配置的语言偏爱机制仍停留在理论阐述层面，并没有得到实证检验。尤其是在健康中国战略背景下，客观和精准评价造成公共卫生服务获得障碍的隐形壁垒，将会给国家公共卫生管理体制变革提供重要的借鉴。

4.2.2 基本公共卫生事业发展

世界卫生组织在《2000 年世界卫生报告——卫生系统：改善绩效》的报告中对中国卫生系统绩效评价不高，其中卫生分配公平性问题最为严重。为此，中国进行了广泛的公共卫生体制改革，以纠正政府在卫生领域的缺位和越位。2009 年《中共中央国务院关于深化医疗卫生体制改革的意见》明确要求"促进城乡居民逐步享有均等化的基本公共卫生服务"，这是应对卫生公平问题的长期性战略部署。2009 年，卫生部、人口计生委同步跟进的《关于促进基本公共卫生服务逐步均等化的意见》确立了健康教育、建立居民健康档案和传染病防治等 9 类基本公共卫生服务项目，并要求到 2020 年基本公共卫生服务逐步均等化机制基本完善。作为国家一项长期性、基础性的公共卫生干预策略，基本公共卫生服务项目持续"提质扩面"，具体表现为两方面：第一，服务包项目数量逐年增加，2011 年增加卫生计生监督协管，2013 年增加中医药健康管理，2015 年增加结核病患者健康管理，2017 年新增免费提供避孕药具和健康素养促进行动两类；第二，服务规范不断完善，明确服务对象为常住人口，绩效考核逐年增强。经过不断努力，基础公共卫生服务工作体系已基本形成，基本公共卫生服务项目成为覆盖人口最多、涉及领域最广的服务项目。见图 4-1。

---

① 魏下海，陈思宇，黎嘉辉. 方言技能与流动人口的创业选择 [J]. 中国人口科学，2016
(6)：36-46，126-127.
② 卢盛峰，陈悦. 语言的力量：讲本地话增进了流动人口的社会融合吗？[J]. 经济科学，
2019 (4)：118-128.

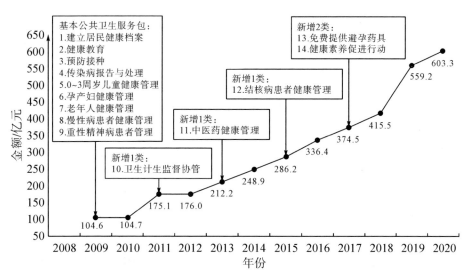

图 4-1　基本公共卫生服务项目与中央专项资金补助

资料来源：2016—2020 年中央专项补助数据来源于财政部转移支付管理平台；2009—2015 年数据根据各年人口普查常住人口数、基本公共卫生服务中央补助比例以及人均经费补助标准计算所得。

推动基本公共卫生领域可持续的投入保障长效机制平稳运行，必须建立权责清晰、财力协调、区域均衡的中央和地方财政关系，组建一套完整的、科学的、激励约束相容的公共卫生服务供给财政机制。2019 年实施的《医疗卫生领域中央与地方财政事权和支出责任划分改革方案》（以下简称《方案》）规定，基本公共卫生服务明确为中央与地方共同财政事权，由中央财政和地方财政共同承担支出责任。中央制定基本公共卫生服务人均经费国家基础标准，2019 年按常住人口数确定的经费为人均 69 元。与 2015 年《公共卫生服务补助资金管理暂行办法》相比，《方案》考虑到劳动力大规模流入东部地区带来的地方政府筹资压力增大，结构性提升了中央对东部省份的补助比例。总的来说，基本公共卫生服务支出责任实行中央分档分担办法，中央资金重点向困难地区倾斜，对西部和中部省份补助 80% 和 60%，对东部地区不同省份补助 10%、30% 或 50%[①]。差别化财政分担机制不仅可以有效解决中西部省份的筹

---

① 第一档包括内蒙古、广西、重庆、四川、贵州、云南、西藏、陕西、甘肃、青海、宁夏、新疆 12 个省（自治区、直辖市），中央分担 80%；第二档包括河北、山西、吉林、黑龙江、安徽、江西、河南、湖北、湖南、海南 10 个省，中央分担 60%；第三档包括辽宁、福建、山东 3 个省，中央分担 50%；第四档包括天津、江苏、浙江、广东 4 个省（直辖市）和大连、宁波、厦门、青岛、深圳 5 个计划单列市，中央分担 30%；第五档包括北京、上海 2 个直辖市，中央分担 10%。

资困难，也能缓解东部地区逐年增长的筹资压力，有效促进地区间基本公共卫生服务均等化。

《国家基本公共卫生服务规范》要求服务对象为辖区内常住居民，但户籍制度仍是地方政府公共服务供给中排斥流动人口的有力工具。为了改善这一状况，2010 年起流动人口卫生计生基本公共服务均等化试点工作在全国 40 多个城市启动，原国家人口计生委将健康教育、预防接种、传染病防治、妇幼保健等作为重点推进工作，扩大基本公共卫生服务的流动人口覆盖面，提高技术服务水平。2014 年流动人口基本公共卫生计生服务均等化工作由试点转为全面推进，新组建的国家卫生计生委出台《关于做好流动人口基本公共卫生技术服务的指导意见》，明确将流动人口纳入社区卫生计生服务对象，提出建立流动人口信息共享机制和与城乡户口登记制度相适应的卫生计生机制，以保证流动人口 6 项基本公共卫生服务的落实。除此之外，国家卫生计生委先后发布了《全民健康素养促进行动规划（2014—2020 年）》与《流动人口健康教育和促进行动计划（2016—2020 年）》，持续建立健全各方共同参与的流动人口健康教育工作机制，提高流动人口服务对象对基本公共卫生服务项目的知晓率和健康素养水平。此外，放宽流动人口落户条件、有序转化为户籍人口是缓解公共卫生服务不均等的另一种思路。2014 年，中共中央、国务院印发《国家新型城镇化规划（2014—2020 年）》，决定全面放开建制镇和小城市落户限制，并以城区人口数量为依据推行大中型城市差别化落户政策，落户的流动人口与城镇居民享有同等基本公共卫生服务。

4.3　研究设计

伴随着人口流动家庭化，外来人口在流入地的基本公共服务需求持续增长，流动人口已成为各地卫生部门的重点服务与管理对象，其群体内部的公共卫生服务可及性将直接决定医疗卫生改革政策的成效，进而影响国家社会保障和公共卫生服务水平。虽然渐进式户籍改革将身份认定与住房、教育、就业和医疗等社会福利相剥离，但是地方政府在应对财政支出责任时，仍会以户籍作为提供公共服务的依据。为了检验具有属地性质的户籍制度是否降低了流动人口享有卫生服务的可及性和实效性，建立如下模型：

$$Y_i = \beta_0 + \beta_1 \, migrate_i + \gamma \, X_i + \varepsilon_i \qquad (4.1)$$

其中，Y_i 代表个体获取的基本公共卫生服务，$migrate_i$ 代表是否为流动人口，若为流动人口取值为 1，若为当地户籍人口则取值为 0。X_i 代表影响公共卫生服务获得的控制变量，包括性别、年龄、受教育程度个体特征变量，以及城市坡度、人口密度、城镇职工收入、经济增长地区层面变量。

接下来，考察方言障碍代表的语言不通、身份认同阻隔和地域文化差异对外来流动人口公共卫生服务获得的影响，以流动人口为样本，构建如下模型：

$$Y_i = \beta_0 + \beta_1 \, dialect_i + \gamma \, X_i + \varepsilon_i \tag{4.2}$$

其中，Y_i 代表流动人口获得的基本公共卫生服务，$dialect_i$ 代表流动人口是否存在方言障碍，用流动者户口所在地和迁入地的方言区差异来度量，若个体户籍地与居住地不属于同一个方言区取值为 1，否则取值为 0。本章并没有根据流动者是否掌握本地方言来定义 $dialect_i$，因为这可能存在两个问题：一是个体可能为迁入某地而特意学习了该地的方言，那么观测到的方言距离就成为流动后的结果；二是语言学习能力强的人学会本地话更快，同时语言学习能力强的人可能更易获得卫生服务，从而导致内生性问题。因此，选择流动人口来源地与居住地之间是否属于相同方言区构造方言障碍变量，能更干净地识别语言的影响。

现实中流动人口的迁入地选择是衡量了个人状况、家庭环境和流入地城市特征等多种因素的结果，选择跨方言区流动还是在同一方言区内迁徙时，影响这一决策的因素在流动人口间也具有不同的分布特征。因此，本章进一步采用极大似然估计的处理效应模型来解决样本自选择问题造成的结果偏误。该模型同时考虑了可观测和不可观测因素对跨方言区流动和公共卫生服务获得的影响，对边际效应直接进行估计。具体而言，类似于两阶段工具变量法，处理效应模型包含两个方程——流动人口迁入地选择的处理式（4.3）和带有自选择变量的结果式（4.4），其形式如下：

$$dialect_i = \delta_0 + \delta M_i + u_i \tag{4.3}$$

$$Y_i = \alpha_0 + \beta \, dialect_i + \alpha \, X_i + \varepsilon_i \tag{4.4}$$

跨方言区迁移时 $dialect_i$ 取值为 1，流动范围同属于一个方言区时则取值为 0。M_i 包含影响个体是否跨方言流动的因素，ε_i、u_i 扰动项服从二维正态分布，跨方言区流动和同一方言区流动的样本因变量期望之差为

$$E(Y_i \mid dialect_i = 1) - E(Y_i \mid dialect_i = 0) = \beta + \rho \, \sigma_\varepsilon \left[\lambda(-M_i\delta) + \lambda(M_i\delta) \right] \tag{4.5}$$

其中，$\lambda(\cdot) \equiv \emptyset(\cdot)/(1 - \Phi(\cdot))$ 为逆米尔斯比率，(ε_i, u_i) 的相关系数是 ρ。跨方言区流动时个体 i 的逆米尔斯函数 $\lambda_i = \lambda(-M_i\delta)$，当流动人口同方言区流动时 $\lambda_i = -\lambda(M_i\delta)$。由此得到 $E(Y_i \mid X_i, M_i) = \alpha X_i + \beta \, dialect_i + \rho \, \sigma_\varepsilon \lambda_i$。若 $\rho = 0$，用 OLS 方法就可以实现模型系数估计；若 $\rho \neq 0$，将导致 OLS 的估计偏误，此时运用处理效应模型可以消除样本选择性偏差和内生性问题。

在理论上，可以采用两步法和极大似然估计法对式（4.3）和式（4.4）进行总体估计，极大似然估计避免了将式（4.3）的估计误差带入第二步的估计中，相较于前者效率更高。因此，本章采用极大似然法估计处理效应模型，而估计值 $\hat{\beta}$ 就是克服自选择问题后方言障碍对流动人口公共卫生服务影响的净效应。需要指出的是，在对处理式（4.3）和结果式（4.4）进行估计时，需要满足排除性约束假定 $cov(M_{1i}, \varepsilon_i) = 0$，即处理方程的识别变量 M_i 与结果方程的控制变量 X_i 不能完全重合。一般而言，M_{1i} 可以影响流动人口的迁入地选择，但并不影响其获得的公共卫生服务，因此在估计过程中本章将父母流动经历、个体流动次数、家庭支出以及是否拥有社会保障卡作为识别变量。

4.4 数据来源与变量说明

4.4.1 数据来源

本章将《汉语方言大词典》《中国语言地图集》以及 1986 年《中华人民共和国行政区划简册》整理所得的方言数据与 2017 年全国流动人口卫生计生动态监测数据进行匹配，选用《2017 年流动人口与户籍人口对比专题调查》，该调查在湖南省长沙市、广东省广州市、山东省青岛市、江苏省苏州市、新疆维吾尔自治区乌鲁木齐市、云南省西双版纳傣族自治州、河南省郑州市、重庆市 8 个城市展开，共收集 27 998 个样本。调查数据分为 C 卷和 D 卷，C 卷调查对象为流动人口，共 13 998 个样本；D 卷选取户籍人口展开提问，包含 14 000 个样本。数据覆盖了流动人口和户籍人口的家庭成员与收入情况、就业情况、流动及居留意愿、健康与公共服务、社会融合以及县市信息，能在县市层面精确匹配到流动人口户籍地与居住地的方言类别。在上述匹配数据基础上，本章整理匹配了流入地的城市特征数据，剔除了核心变量缺失的样本，最终获得了 9 788 个外来流动人口和 10 160 个本地户籍人口的分析样本。

4.4.2 变量说明

4.4.2.1 方言障碍

本章基于徐现祥等[1]的方言树图，将汉语方言匹配到县级行政区。汉语方言由粗略到细致分为 10 个方言大区、24 个方言区与 105 个方言片。10 个方言

---

[1] 徐现祥，刘毓芸，肖泽凯. 方言与经济增长 [J]. 经济学报，2015，2 (2)：1-32.

大区包括官话区、晋语区、吴语区、徽语区、赣语区、湘语区、闽语区、粤语区、客话区、平话区。24 个方言区是在方言大区基础上对官话区和闽语区进行细分，官话区包括东北官话区、北京官话区、冀鲁官话区、胶辽官话区、中原官话区、兰银官话区、西南官话区、江淮官话区，闽语区分为闽南、闽东区、闽北区、闽中区、琼文区、雷州区、莆仙区、邵将区。方言片是汉语方言地图的最小划分单位。同一方言区内社会群体往往拥有相同的身份认同和文化观念，而跨方言区流动群体往往面临着更大的语言障碍。以 24 个方言区识别流动人口户籍地与居住地县域所属的语言种类，样本跨方言流动时方言障碍指标 $dialect_i$ 取值为 1，否则 $dialect_i$ 取值为 0。

4.4.2.2 基本公共卫生服务

本章使用疾病防治、生育健康、日常保健、健康档案等共 4 个维度的 10 个指标（见表 4-1），构建卫生服务获得指数。基于公共卫生服务衡量标准的多层次性，需要选择合适的数学方法，合成卫生服务获得综合指数，以便总体上比较流动人口与户籍人口基本公共卫生服务获得差异。首先选择常用的因子分析法和主成分分析法将 10 个指标降维成综合指数，两种方法的优点是在尽可能保留原始信息的基础上，规避自行设定权重的主观性，并且 KMO 和 SMC 检验结果显示这两种方法是合适的。

表 4-1 基本公共卫生服务指标体系

维度	调查问题
疾病防治	过去一年，您在现居住村/居是否接受过职业病防治方面的健康教育
	过去一年，您在现居住村/居是否接受过性病/艾滋病防治方面的健康教育
	过去一年，您在现居住村/居是否接受过结核病防治方面的健康教育
	过去一年，您在现居住村/居是否接受过慢性病防治方面的健康教育
生育健康	过去一年，您在现居住村/居是否接受过生殖健康与避孕方面的健康教育
	过去一年，您在现居住村/居是否接受过妇幼保健/优生优育方面健康教育
日常保健	过去一年，您在现居住村/居是否接受过控制吸烟方面的健康教育
	过去一年，您在现居住村/居是否接受过心理健康方面的健康教育
	过去一年，您在现居住村/居是否接受过突发公共事件自救方面健康教育
健康档案	本地是否给您建立了居民健康档案

此外，本章还采用了 Sarma[①] 提出的平均欧几里得距离法，将公共卫生服务分项指标加总后得到总指数。相较于主成分和因子分析方法，平均欧几里得距离法在关注协方差的基础上，更专注于考察基本公共卫生服务各个维度的平均值，可以更全面地保留样本数据，能清晰地归类整合基本公共卫生服务信息。主要思路是将多个维度视作多维空间中的一个点，进而将多维度转化为一个矢量，在本章中对应的就是样本接受的基本公共卫生服务。在计算过程中，首先运用欧几里得距离法分别合成 4 个维度的卫生服务获得指数，然后再用此方法将 4 个指数合成卫生服务获得总指数 FI：

$$FI_{a1} = \sqrt{\sum_{i=1}^{4} n_i} / \sqrt{4} , FI_{a2} = 1 - \sqrt{\sum_{i=1}^{4} (1 - n_i)^2} / \sqrt{4} , FI_a = (FI_{a1} + FI_{a2})/2 \tag{4.6}$$

$$FI_{b1} = \sqrt{\sum_{i=5}^{6} n_i} / \sqrt{2} , FI_{b2} = 1 - \sqrt{\sum_{i=5}^{6} (1 - n_i)^2} / \sqrt{2} , FI_b = (FI_{b1} + FI_{b2})/2 \tag{4.7}$$

$$FI_{c1} = \sqrt{\sum_{i=7}^{9} n_i} / \sqrt{3} , FI_{c2} = 1 - \sqrt{\sum_{i=7}^{9} (1 - n_i)^2} / \sqrt{3} , FI_c = (FI_{c1} + FI_{c2})/2 \tag{4.8}$$

$$FI_{d1} = \sqrt{n_{10}} / \sqrt{1} , FI_{d2} = 1 - \sqrt{(1 - n_{10})^2} / \sqrt{1} , FI_d = (FI_{d1} + FI_{d2})/2 \tag{4.9}$$

$$FI_1 = \sqrt{(FI_a + FI_b + FI_c + FI_d)^2} / \sqrt{4} \tag{4.10}$$

$$FI_2 = 1 - \sqrt{(1 - FI_a)^2 + (1 - FI_b)^2 + (1 - FI_c)^2 + (1 - FI_d)^2} / \sqrt{4} \tag{4.11}$$

$$FI = (FI_1 + FI_2)/2 \tag{4.12}$$

其中，FI_{a1}、FI_{a2}、FI_a 分别代表疾病防治层面的样本点到最差点的距离、到最优点的反向距离以及平均距离，涵盖前 4 个子指标。式（4.7）~式（4.9）分别代表生育健康、日常保健与健康档案层面的对应值，共涵盖 6 个子指标。FI_1、FI_2、FI 则代表综合考虑四个层面的实际点到最差点的距离，到最优点的反向距离以及平均距离，最终得到卫生服务获得总指数。

4.4.2.3 控制变量

由于基本公共卫生服务还受多方面影响，本章控制了两方面的因素：个人特征和城市特征。有优势的个体获取信息的速度更快、途径更多，从而有利于

---

① SARMA M. Measuring financial inclusion using multidimensional data [J]. World Economics, 2016, 17 (1): 15-40.

其迅速地掌握公共服务政策，并能最大化地利用。因此，本章加入了包括性别、年龄、受教育程度个人特征层面的变量。此外，人们接受的基本公共卫生服务的种类、水平和质量很可能受限于流入地城市经济社会特征，在模型中控制城市坡度、人口密度、城镇职工收入、经济增长地区层面变量。表4-2汇报了变量定义方式及统计性描述特征。

表4-2 变量描述性统计

变量名称	变量说明	最小值	最大值	标准差	样本量
卫生服务获得1	利用几何距离法合成卫生服务获得综合指数	0.000	2.500	0.860	19 948
卫生服务获得2	利用因子分析法合成卫生服务获得综合指数	−1.157	1.154	0.864	19 948
卫生服务获得3	利用主成分分析法合成卫生服务获得综合指数	−1.748	1.790	1.270	19 948
户籍身份	外来流动人口为1，当地户籍人口为0	0	1	0.500	19 948
方言障碍	跨方言区流动为1，同方言区流动为0	0	1	0.493	9 788
性别	男性为1，女性为0	0	1	0.497	19 948
年龄	劳动者岁数	20	59	8.948	19 948
受教育程度	用1~7分别表示未上学到研究生7类学历层次	1	7	1.197	19 948
城市坡度	城市平均坡度/%	0.139	4.844	1.517	19 948
人口密度	总人口与城市面积比值（千人/平方千米）	194.372	1 170.299	0.318	19 948
城镇职工收入	全市职工平均工资/万元	6.115	8.909 6	0.838	19 948
经济增长	人均生产总值/万元	5.790	14.556	3.019	19 948
父母流动经历	父亲或母亲曾经为流动人口取1，否则为0	0	1	0.420	9 788
流动次数	流动过的城市总数	1	50	1.650	9 788
家庭月支出	家庭月支出的对数	6.685	9.616	0.595	9 788
社会保障	是否有社会保障卡	0	1	0.499	9 788

4.5 实证结果分析

4.5.1 基础回归

首先考察户籍身份对个体获得基本公共卫生服务的影响。表4-3第（1）~（3）列报告了OLS估计模型（4.1）的结果，分别采用三种方法衡量的卫生服务获得作为被解释变量，户籍身份的估计系数均在1%水平上显著为负。这表明，基本公共卫生服务均等化实施进程中存在户籍制度壁垒，外来流动人口获得的卫生服务明显低于当地户籍人口0.2~0.5个单位。第（4）~（6）列报告了方言障碍对流动人口卫生服务获得的影响，结果显示，方言障碍的估计系数均在1%显著性水平上为负，跨方言区流动的劳动者比起在同方言区流动更难获得当地社区的卫生服务。伴随跨方言流动产生的语言沟通不便、身份认同歧视以及社会排斥感，阻碍了流动人口获得更多卫生服务。实证结果证实，除了户籍制度约束代表的显性壁垒外，基本公共卫生服务均等化进程中还存在着文化差异阻碍这一隐形壁垒，流动人口已经难以真正享受城市公共服务，不能讲本地话的外来劳动者更是弱势群体中的弱势群体。

控制变量的估计结果显示，女性、年龄大和学历高的个体获得了更多卫生服务；受制于卫生资源有限，城市人口密度越大，基本公共卫生服务供给水平越低；城镇职工收入反映了城市包容性发展水平，在基本公共卫生服务中呈现出正效应；城市坡度体现了一种行政区划内地形坡度起伏的复杂程度，其对卫生服务获得的影响基本为负，说明地形越复杂，相应的施政难度越大；经济增长对卫生服务获得的影响显著为负，可能的原因在于基本公共卫生服务由中央和地方财政共同承担支出责任，发达地区地方财政的分担比例更大，地方政府配置财政资源时可能优先以经济发展为导向，在公共卫生服务方面有"缺位"。

表4-3　户籍身份、方言障碍与公共卫生服务

变量	（1）卫生服务获得1	（2）卫生服务获得2	（3）卫生服务获得3	（4）卫生服务获得1	（5）卫生服务获得2	（6）卫生服务获得3
户籍身份	-0.375*** (0.013)	-0.248*** (0.013)	-0.440*** (0.019)			
方言障碍				-0.071*** (0.018)	-0.072*** (0.019)	-0.110*** (0.027)
性别	-0.109*** (0.012)	-0.103*** (0.012)	-0.123*** (0.017)	-0.086*** (0.015)	-0.078*** (0.017)	-0.086*** (0.024)
年龄	0.006*** (0.001)	0.005*** (0.001)	0.008*** (0.001)	0.002* (0.001)	0.001 (0.001)	0.002 (0.001)
受教育程度	0.081*** (0.006)	0.085*** (0.006)	0.124*** (0.009)	0.079*** (0.008)	0.085*** (0.008)	0.125*** (0.012)
坡度	-0.035*** (0.009)	0.016* (0.009)	0.018 (0.013)	-0.083*** (0.012)	-0.041*** (0.013)	-0.056*** (0.019)

表4-3(续)

变量	（1） 卫生服务 获得1	（2） 卫生服务 获得2	（3） 卫生服务 获得3	（4） 卫生服务 获得1	（5） 卫生服务 获得2	（6） 卫生服务 获得3
人口密度	-0.202 ***	-0.062 **	-0.170 ***	-0.182 ***	-0.071 **	-0.154 ***
	（0.024）	（0.024）	（0.035）	（0.032）	（0.034）	（0.049）
城镇职工收入	0.225 ***	0.152 ***	0.224 ***	0.364 ***	0.294 ***	0.426 ***
	（0.018）	（0.018）	（0.027）	（0.024）	（0.026）	（0.038）
经济增长	-0.084 ***	-0.060 ***	-0.087 ***	-0.146 ***	-0.122 ***	-0.177 ***
	（0.007）	（0.007）	（0.010）	（0.009）	（0.010）	（0.014）
常数项	0.218 **	-0.831 ***	-1.149 ***	-0.264 **	-1.194 ***	-1.751 ***
	（0.085）	（0.088）	（0.128）	（0.108）	（0.118）	（0.170）
$Adj\text{-}R^2$	0.119	0.080	0.094	0.076	0.061	0.067
观测值	19 948	19 948	19 948	9 788	9 788	9 788

注：***、**、*分别表示在1%、5%和10%的水平上显著，括号内为稳健标准误。

由于流动人口的迁入地选择是一种基于成本-收益分析的自选择而非随机过程，因此我们接下来采用处理效应模型识别方言障碍对公共卫生服务获得的影响。表4-4报告了通过极大似然法估计处理效应模型的实证结果，各种统计量均表明模拟性质良好，由Wald chi2值可以判断出整体模型是显著的，即流动人口跨方言区确实存在内生性问题，运用处理效应纠正选择性样本偏差是适合的。表4-4显示，基本公共卫生服务依旧"偏爱"同一方言区内迁徙的劳动者，在流动人口内部方言障碍会造成卫生服务降低0.8~1.4个单位，这一结果同样在1%水平上显著。

表4-4 方言与公共卫生服务的处理效应估计结果

变量	卫生服务获得1		卫生服务获得2		卫生服务获得3	
	处理方程	结果方程	处理方程	结果方程	处理方程	结果方程
方言障碍		-1.009 ***		-0.806 ***		-1.387 ***
		（0.082）		（0.158）		（0.220）
性别		-0.083 ***		-0.077 ***		-0.083 ***
		（0.015）		（0.017）		（0.024）
年龄		0.001		0.001		0.001
		（0.001）		（0.001）		（0.001）

表4-4(续)

变量	卫生服务获得1		卫生服务获得2		卫生服务获得3	
	处理方程	结果方程	处理方程	结果方程	处理方程	结果方程
受教育程度		0.075***		0.082***		0.121***
		(0.008)		(0.008)		(0.012)
坡度		−0.081***		−0.040***		−0.054***
		(0.013)		(0.014)		(0.020)
人口密度		−0.188***		−0.073**		−0.159***
		(0.031)		(0.034)		(0.049)
城镇职工收入		0.349***		0.288***		0.411***
		(0.026)		(0.028)		(0.041)
经济增长		−0.141***		−0.120***		−0.172***
		(0.010)		(0.011)		(0.016)
父母流动经历	0.081***		0.091***		0.087***	
	(0.026)		(0.028)		(0.027)	
流动经历	0.012*		0.011		0.011	
	(0.006)		(0.007)		(0.007)	
家庭月支出	−0.023		−0.034*		−0.020	
	(0.018)		(0.020)		(0.019)	
社会保障	−0.052**		−0.028		−0.038*	
	(0.022)		(0.024)		(0.023)	
常数项	0.375**	0.376***	0.456***	−0.714***	0.346**	−0.903***
	(0.149)	(0.124)	(0.161)	(0.159)	(0.156)	(0.230)
观测值	9 788		9 788		9 788	
Wald chi2	1 001.94***		656.40***		740.36***	
ρ	0.665		0.520		0.602	
H0:$\rho = 0$	24.30***		7.66***		9.98***	
Log likelihood	−17 678.785		−18 387.619		−22 000.071	

注:***、**、*分别表示在1%、5%和10%的水平上显著,括号内为稳健标准误;Wald chi2汇报了联合显著性检验结果。

4.5.2 稳健性检验

4.5.2.1 方言距离

由于中国幅员辽阔、人口众多，不同地理环境与历史传承演化出的方言腔调有别、特征各异，单以 24 个方言区作为识别工具的策略可能仍不够精准。第一，与地理分布变异性更大的 105 个方言片相比，方言区边界与行政区划边界仍有部分类似，从而导致地理接近与方言区相同两种效应重合问题；第二，使用二元变量测度是否跨方言区流动的潜在问题使得文化差异在地域上往往是渐变而不是突变的，由方言衡量的文化差异很多时候是一个程度大小问题而不是简单的相同或不同。比如，劳动力的户籍所在地为东三省的东北官话区，无论其到山东省的胶辽官话区还是广东省的粤语区外出务工，都被视为跨方言流动，变量取值为 1，但实际上流入广东省面临更大的语言沟通障碍和更难的文化认同。

为了解决这两个问题，本章充分利用了方言大区、方言区和方言片的信息，构造方言距离指标来衡量语言障碍。具体赋值规则为：当流动人口户籍地与居住地位于同一方言片时，方言距离为 0；位于同一方言区不同方言片时，方言距离为 1；位于同一方言大区的不同方言区时，方言距离为 2；属于不同方言大区时，方言距离为 3。方言距离指数越大，代表语言障碍越大。表 4-5 汇报了方言距离对公共卫生服务的影响，结果显示，方言距离越大，流动人口获得的公共卫生服务水平会明显降低，无论采取何种卫生服务获得度量指标，方言距离的估计系数均在 1% 水平上显著为负。

表 4-5　方言距离与公共卫生服务

变量	（1） 卫生服务获得 1	（2） 卫生服务获得 2	（3） 卫生服务获得 3
方言距离	−0.038 ***	−0.037 ***	−0.058 ***
	（0.007）	（0.008）	（0.011）
常数项	−0.260 **	−1.188 ***	−1.745 ***
	（0.108）	（0.118）	（0.170）
控制变量	Y	Y	Y
$Adj\text{-}R^2$	0.077	0.062	0.068
观测值	9 788	9 788	9 788

注：***、**、* 分别表示在 1%、5% 和 10% 的水平上显著，括号内为稳健标准误。

4.5.2.2 方言多样性

语言承载着特定的文化模式和思维方式，由于外来劳动者家乡话与本地主流语言存在差异，从而产生了基本公共卫生服务获得的隐形壁垒。由此推之，如果一个地区本身存在着多种方言，当地居民常常以不同方言进行沟通，那么其会习惯于不同的发音和用语习惯，对外来方言的接受度会更高，不会讲本地话的外来劳动者更易被接纳。因此，验证公共卫生服务在不同方言多样性地区中是否具有显著差异，如果在方言多样性更大的地区，公共卫生服务的方言偏袒效应减弱，那么方言确实以身份认同、文化包容的方式影响着卫生服务获得。

在模型中引入方言多样性变量，重点关注方言障碍与方言多样性的交互项对公共卫生服务获得的影响。本部分使用的方言多样性指标来自相关学者的测算，构造方言分化指数 $DIV_i = 1 - \sum_{n=1}^{DIV_n} S_{ni}^2$。其中，$i$ 代表城市，DIV_n 代表地区次方言的数量，S_{ni} 表示第 i 个城市中使用第 n 次方言的居民在总人口中的比重。DIV_i 取值在 0 与 1 之间，DIV_i 的数值越大，代表方言多样性越大，对外来语言的包容性越强。表4-6揭示了这一实证检验结果，跨方言区流动仍表现出显著负效应，方言障碍与方言多样性的交互项均在1%水平上显著为正，这都表明方言多样性更高的地区减弱了公共卫生服务的偏袒效应，证实了前文结果是稳健的。

表4-6 方言多样性与公共卫生服务

变量	(1) 卫生服务获得1	(2) 卫生服务获得2	(3) 卫生服务获得3
方言障碍	−0.281***	−0.277***	−0.446***
	(0.025)	(0.027)	(0.039)
方言障碍×方言多样性	0.928***	0.913***	1.495***
	(0.087)	(0.094)	(0.135)
常数项	−0.610***	−1.534***	−2.308***
	(0.112)	(0.123)	(0.177)
控制变量	Y	Y	Y
$Adj\text{-}R^2$	0.087	0.071	0.079
观测值	9 788	9 788	9 788

注：***、**、* 分别表示在1%、5%和10%的水平上显著，括号内为稳健标准误。

4.5.2.3　遗漏变量与回归偏误

虽然模型中考虑了多种维度的个体层面控制变量和城市层面控制变量，尽可能地回避了由于遗漏变量所导致的估计偏误，但由于所使用的是截面数据，依然可能存在某些不可观测的遗漏变量导致内生性估计偏误。为了考察可能存在的遗漏变量及其对回归的影响，本章参考 Oster[1] 提出的方法，考察遗漏变量带来的内生性问题是否会影响本章的结论。当存在不可观测变量时，通过模型证明可通过计算估计量 β^* 近似获得真实系数的一致估计：

$$\beta^* = \tilde{\beta} - \delta(\beta^0 - \tilde{\beta}) \times (R_{max} - \tilde{R})/(\tilde{R} - R^0) \tag{4.13}$$

其中，β^0 和 R^0 分别表示引入受约束控制变量时，核心解释变量的参数估计值和度量拟合优度的可决系数。$\tilde{\beta}$ 和 $\tilde{R}$ 分别表示引入所有可观测变量作为控制变量时，核心解释变量的参数估计值和度量拟合优度的可决系数。δ 为选择比例，是纳入方程的可观测变量与关注变量相关度和不可观测遗漏变量与关注变量相关度的比值。R_{max} 的含义是，如果全部不可观测因素能够纳入模型，回归方程的拟合优度最大。根据该学者的建议，采用两种识别策略检验遗漏变量对核心解释变量参数估计值的影响：第一，δ 取 -1，R_{max} 分别设定为 $\tilde{R}$ 的 1.25 倍、1.3 倍和 1.5 倍，若估计量 β^* 处于估计参数的 95% 置信区间内，则判定结果为稳健的；第二，设定 $\beta = 0$ 和 R_{max}，求解 δ，若 δ 大于 1，则表示通过了稳健性检验。在国内研究中，马双和赵文博[2]同样利用了这两种方法进行遗漏变量检验。表 4-7 显示，无论 R_{max} 取 1.25 倍、1.3 倍还是 1.5 倍，β^* 均处于估计参数的 95% 置信区间区间内，并且当 $\beta = 0$ 时，δ 全部大于 1。因此，可以认为，即使存在遗漏变量，本章对于方言障碍与公共卫生服务关系的判断依然稳健。

表 4-7　遗漏变量检验

变量	判断标准	R_{max} 不同设定的 β^* 结果			是否通过
		1.25 倍	1.3 倍	1.5 倍	
卫生服务获得 1	$\beta^*(R_{max}, \delta) \in [-0.106, -0.037]$	-0.049	-0.050	-0.054	通过
	$\delta > 1$	10.649	8.874	5.324	通过

---

①　OSTER E. Unobservable selection and coefficient stability：Theory and evidence［J］. Journal of Business & Economic Statistics, 2019, 37（2）：187-204.

②　马双，赵文博. 方言多样性与流动人口收入：基于 CHFS 的实证研究［J］. 经济学（季刊），2019, 18（1）：393-414.

表4-7（续）

变量	判断标准	R_{max} 不同设定的 β^* 结果			是否通过
		1.25 倍	1.3 倍	1.5 倍	
卫生服务获得2	$\beta^*(R_{max},\delta)\in[-0.109,-0.034]$	−0.058	−0.060	−0.069	通过
	$\delta>1$	4.335	3.612	2.168	通过
卫生服务获得3	$\beta^*(R_{max},\delta)\in[-0.164,-0.056]$	−0.085	−0.089	−0.102	通过
	$\delta>1$	3.970	3.308	1.985	通过

4.5.3 迁入地区和迁徙个体的异质性分析

尽管跨方言区流动的迁徙者都面临着语言障碍，但劳动者融入当地语言和社会环境的能力不同，流入地城市的包容性和行政管理技术也各有差异。本章的流动人口样本可以按照迁入地和来源地分类：第一种是将流动人口分为迁入省会城市或非省会城市两类；第二种是通过流动人口拥有城镇户口或是农村户口，分为城-城流动和乡-城流动两类。与迁入非省会城市的群体相比，迁入省会城市的劳动者可能获得更多基本公共卫生服务：首先，省会城市能优先获得配套资源，可以从上级得到更多的财政资金投入基础设施和公共服务；其次，省会城市承担着一个省份对技术、高层次人才等高端要素的集聚功能，往往具有更高的行政效率，此时会为人口集聚提供更具舒适性的福利；最后，作为一省的门户城市，省会城市往往被要求起到示范带头作用，展现出更强的包容性。与乡-城流动人口相比，城-城流动人口与迁入地城市居民思想观念可能更加接近，相互信任更易达成。由此推之，持农村户口的流动人口面临"双重弱势"困境，更难获得城市基本公共服务。

基于这种逻辑判断，应当看到方言对公共卫生服务的负向效应更多发生在非省会城市，而乡-城流动人口受方言障碍的影响更大。按照迁入地区是否为省会城市和迁徙个体是否具有城镇户口进行分样本回归，来考察两类群体受到方言障碍的差异化影响。表4-8的第（1）～（6）列汇报了流入省会城市与非省会城市的区别，流入省会城市的样本方言障碍不再显著为负，这表明相比于非省会城市，流入省会城市的跨方言区劳动者获得的公共卫生服务更多。表4-9的第（1）～（6）列显示了城-城流动与乡-城流动的区别，城-城流动人口面临的方言障碍并不显著，而乡-城流动人口在基本公共卫生服务供给中更易因方言障碍受到歧视。

表 4-8　迁入地区异质性分析

变量	省会城市			非省会城市		
	（1）	（2）	（3）	（4）	（5）	（6）
	卫生服务获得1	卫生服务获得2	卫生服务获得3	卫生服务获得1	卫生服务获得2	卫生服务获得3
方言障碍	0.032	0.020	0.021	−0.107***	−0.073**	−0.108**
	（0.020）	（0.022）	（0.031）	（0.034）	（0.036）	（0.052）
常数项	1.321***	0.271***	0.435***	1.589***	0.735***	1.018***
	（0.052）	（0.055）	（0.079）	（0.095）	（0.101）	（0.147）
控制变量	Y	Y	Y	Y	Y	Y
$Adj-R^2$	0.045	0.026	0.034	0.041	0.047	0.048
观测值	5 897	5 897	5 897	3 891	3 891	3 891

注：***、**、*分别表示在1%、5%和10%的水平上显著，括号内为稳健标准误。

表 4-9　迁徙个体异质性分析

变量	城-城流动			乡-城流动		
	（1）	（2）	（3）	（4）	（5）	（6）
	卫生服务获得1	卫生服务获得2	卫生服务获得3	卫生服务获得1	卫生服务获得2	卫生服务获得3
方言障碍	0.009	0.003	0.002	−0.088***	−0.086***	−0.131***
	（0.041）	（0.044）	（0.063）	（0.020）	（0.021）	（0.030）
常数项	−0.535*	−1.502***	−2.168***	−0.192	−1.107***	−1.633***
	（0.292）	（0.310）	（0.450）	（0.120）	（0.131）	（0.188）
控制变量	Y	Y	Y	Y	Y	Y
$Adj-R^2$	0.094	0.083	0.086	0.070	0.055	0.060
观测值	1 654	1 654	1 654	8 134	8 134	8 134

注：***、**、*分别表示在1%、5%和10%的水平上显著，括号内为稳健标准误。

4.5.4　影响机制检验

流动人口方言障碍可能通过以下两个渠道阻碍公共卫生服务获得。第一，语言是信息传播的载体，跨方言区流动意味着更高的沟通成本，会影响信息传递的效率和可及性，进而阻碍公共卫生服务获取；第二，语言还具备独特的社会功能，使用同一种方言的人对彼此的历史文化和生活背景有熟悉感，往往能够迅速消除信任障碍。外来务工人员离开家乡来到陌生的城市，原有人际关系不再起作用，而如果说与本地居民相同的方言，意味着彼此间的认同感和相似度更强，易于社会关系网络的重新构建。已有文献证实，社会关系网络作为非正式制度，在相关制度欠发达国家的经济生活中扮演着重要角色，缺乏社会关系的弱势群体可能被排除在财政补助和公共服务之外。

那么，方言障碍究竟是通过其中某一种渠道对公共卫生服务造成了影响，还是二者兼有之呢？这一问题的答案，对于政策制定有着明确的指导意义。为了验证上述两种渠道，本章构造社会网络和信息获取两个变量。直接采用问卷题目"您是否听说过国家基本公共卫生服务项目"衡量流动人口信息获取，如果"听说过"，那么变量赋值为1，否则变量赋值为0。社会网络定义为"是否参加过工会、志愿者协会、同学会、老乡会、家乡商会活动"，只要参加了其中任何一项变量，赋值为1，否则变量为0。本章将方言障碍与信息获取以及方言障碍与社会网络的交互项分别放入模型进行影响机制检验。表4-10的第（1）～（6）列显示，无论是信息获取还是社会网络，与方言障碍的交互项系数均在1%显著水平上为正，说明良好的信息知识和有效的社会网络都会帮助跨方言区流动群体消除方言带来的卫生服务获取障碍。

表4-10　影响机制检验：信息获取与社会网络

变量	（1）卫生服务获得1	（2）卫生服务获得2	（3）卫生服务获得3	（4）卫生服务获得1	（5）卫生服务获得2	（6）卫生服务获得3
方言障碍	-0.473 *** (0.019)	-0.454 *** (0.022)	-0.708 *** (0.031)	-0.208 *** (0.020)	-0.226 *** (0.021)	-0.342 *** (0.031)
方言障碍×信息获取	0.644 *** (0.018)	0.614 *** (0.021)	0.961 *** (0.029)			
方言障碍×社会网络				0.283 *** (0.019)	0.320 *** (0.021)	0.482 *** (0.030)
常数项	-0.064 (0.103)	-1.003 *** (0.114)	-1.453 *** (0.163)	-0.216 ** (0.107)	-1.139 *** (0.117)	-1.669 *** (0.169)
控制变量	Y	Y	Y	Y	Y	Y
$Adj\text{-}R^2$	0.165	0.132	0.149	0.095	0.082	0.089
观测值	9 788	9 788	9 788	9 788	9 788	9 788

注：***、**、*分别表示在1%、5%和10%的水平上显著，括号内为稳健标准误。

4.5.5 卫生服务获得不足的经济后果

前文的研究表明，户籍制度和文化观念的不包容性都是阻碍流动人口基本公共卫生服务均等化的"坚铁"。那么，卫生资源分配中的隐形壁垒产生了怎样的影响？换而言之，方言障碍导致的卫生服务获得不足最终会给个体带来哪些负面效应？本章从身体健康、城市融入感和劳动供给决策三个方面探究可能的经济后果。首先，卫生政策通过建立居民健康档案、宣传健康教育等向流动人口提供科学的健康信息，丰富了个体健康知识，提高了健康素养和疾病预防意识，从而降低了个体患病概率；其次，公共服务能够在外来群体与当地社区之间起到连接和桥梁作用，如果流动人口从社区获得了良好的卫生服务，将增强其对流入地的认同感和归属感，采取积极融入的适应方式；最后，流动人口享受到本地政府提供的公共服务，可以降低其迁徙风险、提高工作风险承受能力，他们在一个城市获得公共服务的满足感时，会倾向于增加劳动供给，为家庭创造更好的生活环境而努力工作，也为营造共居一地、共生共荣的城市环境出一份力。

为此，本部分将患病次数、融入感受和工作时长作为被解释变量，将卫生服务获得与方言障碍的交互项放入模型进行检验。根据问卷中的"最近一年出现的腹泻、发烧、皮疹、黄疸、结膜红肿、感冒六种症状"识别患病次数，融入感受变量［根据问题"我觉得本地人愿意接受我成为其中一员"，分为"完全不同意（取值为1）、不同意（取值为2）、基本同意（取值为3）、完全同意（取值为4）"四个等级，工作时长用"这周工作小时数"衡量］。表4-11的第（1）～（3）列的结果显示，方言障碍显著增加了流动人口的患病次数，方言障碍与卫生服务获得交互项的估计系数都在1%水平上显著为负，个体获得更多卫生服务会减少患病次数。第（4）～（8）列的结果表明，流动人口的方言障碍会显著减弱其融入认同，缩短工作时长，而交互项的估计系数均在1%水平上显著为正，卫生服务增加能够增强流动人口的融入认同和工作时长。回归结果证实，方言障碍会对流动人口的身体健康、城市融入和劳动供给产生负面影响，卫生服务能够抑制这种负效应，但方言障碍导致了卫生服务获得的减少，使得跨方言区流动的外来人口承受着卫生服务获得不足带来的经济后果。

表 4-11 经济后果分析：患病次数、融入感受和工作时长

变量	(1)	(2)	(3)	(4)	(5)	(6)	(7)	(8)	(9)
	患病次数	患病次数	患病次数	融入感受	融入感受	融入感受	工作时长	工作时长	工作时长
方言障碍×卫生服务获得 1	-0.053*** (0.011)			0.090*** (0.011)			1.715*** (0.297)		
方言障碍×卫生服务获得 2		-0.038*** (0.010)			0.073*** (0.010)			1.321*** (0.276)	
方言障碍×卫生服务获得 3			-0.028*** (0.007)			0.052*** (0.007)			0.914*** (0.190)
方言障碍	0.085*** (0.017)	0.033** (0.015)	0.032** (0.015)	-0.147*** (0.017)	-0.057*** (0.014)	-0.055*** (0.014)	-2.788*** (0.469)	-1.092*** (0.391)	-1.055*** (0.392)
常数项	0.275*** (0.093)	0.286*** (0.093)	0.284*** (0.093)	2.451*** (0.088)	2.439*** (0.088)	2.441*** (0.088)	77.11*** (2.435)	76.83*** (2.437)	76.82*** (2.436)
控制变量	Y	Y	Y	Y	Y	Y	Y	Y	Y
$Adj\text{-}R^2$	0.010	0.009	0.010	0.080	0.078	0.079	0.095	0.094	0.095
观测值	9 788	9 788	9 788	9 788	9 788	9 788	9 788	9 788	9 788

注：***、**、*分别表示在 1%、5%和 10%的水平上显著，括号内为稳健标准误。

4.6 本章小结

基本公共卫生服务均等化是推动健康中国战略的重要途径，但不同地域的文化差异可能导致群体之间沟通障碍、信任缺失以及公共管理政策瞄准失效，成为卫生公平的障碍。中国疆土广阔，悠久历史孕育的地域文化差异较大。本章从代表地域文化的方言这一视角切入，基于中国方言区分布数据和 2017 年全国流动人口卫生计生动态监测调查专题数据匹配，探究了流动人口跨方言区迁徙是否阻碍了基本公共卫生服务获得，得出以下结论：一是户籍身份和方言障碍确实减少了流动人口的卫生服务，这一结论在多种稳健性检验下依然成立；二是这种效应主要发生在乡-城流动人口中，而迁徙到省会城市的流动人口的方言障碍对卫生服务获得的影响不敏感。机制分析显示，信息获取和社会网络是方言障碍影响卫生服务获得的重要传导机制。卫生服务获得不足会给流动人口带来明显的经济后果，如增加患病次数、减弱城市融入感、缩短工作时长。基于以上研究结论，提出相关政策建议：

第一，加强对地域文化的理解，减少地区偏见。首先，政府应继续大力推广普通话，提高信息传递效率，弱化因口语不同带来的身份歧视；其次，鼓励流动人口主动习得当地方言、积极融入当地民俗文化，以减少沟通障碍与社会排斥；最后，积极开展跨地区文化交流活动，提高本地市民对外来语言与外来人口的包容度，打造厚德载物的文化氛围，消除地区本位主义，在发展中兼顾文化的多样性与统一性。

第二，完善现代流动人口治理机制，加快户籍制度改革。健全流动人口流入地与流出地政府间协同治理机制，促进流动人口信息数据跨区域共享，推行以融合为目的的流动人口治理政策。打造城乡社区流动人口管理服务长效机制，健全流动人口保障体系，为实现城乡一体化的公共服务提供更好的治理模式。有序放开大中型城市落户限制，助力农村转移人口市民化，共享公共资源，推进居住证制度，实现基本公共服务常住人口全覆盖。

第三，调整地方政府财政激励模式，适当强化公共卫生服务支出责任。事权划分进一步细化，压缩地方政府以户籍为借口逃避支出责任的空间，保证流动人口卫生服务的顺畅转接。优化转移支付制度，基本公共卫生服务的转移支付要与人口流动趋势挂钩，适度减轻流入地的财政负担，缩小地区间供给差距。完善地方主体税种，强化地方政府公共卫生服务供给与流动人口税收贡献之间的对应关系。

第四，优化公共卫生体系，创新卫生服务与监测模式。政府应加快推进基本公共卫生服务供给侧改革，依据居民健康需求、政府财力、基层医疗服务能力动态调整基本公共卫生服务包，提升公共卫生服务供给水平和利用效率；同时，持续开展居民健康动态监测和电子健康档案开放服务，搭建公共卫生基础数据共享平台，打通居民基本健康信息孤岛，依靠大数据实现精准服务和卫生监督，提升公共卫生服务体系整体效能。

5 流动人口公共医疗服务受益归宿分析

5.1 引言

随着"健康中国"战略的推进，医保覆盖率不断提升，人民群众健康水平持续提高。根据中华人民共和国财政部社会保障司公布的信息，2016 年全国医疗卫生支出 13 154 亿元，比 2015 年增长 10%，占财政支出的比重达 7%。虽然医疗卫生支出在财政支出中的占比稳步提升，但仍远低于 OECD 成员的平均水平。当前及今后一段时期，GDP 增速放缓，卫生费用难以维持高速增长。因此优化财政医疗卫生资金分配结构、提高资金使用效率成为改善公共医疗服务的新思路。开展此项工作首先需要了解现有医疗投入的受益群体。财政工具可以有效调节收入分配，马海涛和汪昊[①]指出财政实现收入再分配的测算过程包括确定财政收入与支出的经济归宿、通过基尼系数等指标来测算其对居民收入的影响。因此，研究医疗受益归宿并测算其收入再分配效应具有重要意义。

流动人口能否完美融入居住地的生活，关乎人口红利的释放与产业结构的优化，更涉及社会的和谐与稳定。韩淑娟[②]认为流动人口按流动时间、流动距离、就业岗位、家庭成员随行以及社保情况等可以分为多种类型，内部分化问题比较严重，其民生问题具有复杂性，不能一概而论。虽然现行医保覆盖率逐步提高，但是流动人口的医保覆盖率依然低于平均水平，流动人口的医疗资源利用问题亟须关注。

---

① 马海涛，汪昊. 财政对收入分配的影响及改革建议 [J]. 中国税务，2017（4）：34-36.
② 韩淑娟. 流动人口贫困问题的复杂性及其扶贫策略 [J]. 贵州社会科学，2018（2）：156-160.

安体富和任强[1]指出，公共服务均等化包括地区之间的均等以及人与人之间的均等，通过扩大供给使每个个体获得相同数量与质量的公共服务，这是一个调节、平衡的过程。王鸿儒等[2]认为由于个体差异，具有某些特征优势的个体获取信息的途径更多，可以统筹自身资源最大化地利用政策，但不是所有人都可以得到均等的服务。那么流动人口能否平等享受到公共医疗服务？医疗受益归宿偏向哪些具体群体？公共医疗服务能在多大程度上影响收入再分配？厘清这些问题需要从微观角度研究财政医疗补助在流动人口间的受益归宿。已有公共医疗服务受益归宿的文献没有区分研究对象，缺乏从流动人口视角切入的研究。Zhou 等[3]的研究发现 2003 年和 2008 年的住院服务利用在不同收入组之间并不公平。Liu 等[4]基于 2005 年入户调查数据得到同一结论，富人医疗资源配置更好、医疗利用更多，而且在私人医疗费用负担上也更加有利。李永友和郑春荣[5]基于 2008 年、2010 年、2012 年 CFPS 入户调查数据，采用 BIA 框架研究发现，由于医疗保险覆盖面的扩大、医疗服务能力的提高，最低收入组成为公共住院服务的主要受益群体。

本章弥补了公共医疗服务受益与流动人口交叉研究的空白，利用 2016 年家庭追踪调查（CFPS）数据，量化流动人口的公共医疗服务利用，得到其细分群体间的医疗受益归宿，通过受益前后收入分配指标的变化反映收入再分配效应；将流动人口从收入、地区、流动方向、流动范围等维度划分为不同细分群体，以住院天数来衡量其公共医疗利用，不仅丰富了流动人口医疗利用的内涵，而且创新了公共医疗服务受益归宿的研究视角。

---

① 安体富，任强. 公共服务均等化：理论、问题与对策 [J]. 财贸经济，2007（8）：48-53，129.

② 王鸿儒，成前，倪志良. 卫生和计划生育基本公共服务均等化政策能否提高流动人口医疗服务利用 [J]. 财政研究，2019（4）：91-101.

③ ZHOU, ZHONG LIANG, JIANMIN GAO, et al. Measuring the equity of inpatient utilization in Chinese rural areas [J]. BMC Health Services Research, 2011（11）：697-699.

④ LIU XIAONING, WENLONG GAO, HONG YAN. Measuring and decomposing the inequality of maternal health services utilization in western rural China [J]. BMC Health Services Research, 2014（14）：1-7.

⑤ 李永友，郑春荣. 我国公共医疗服务受益归宿及其收入分配效应：基于入户调查数据的微观分析 [J]. 经济研究，2016（7）：132-146.

5.2　方法及数据说明

5.2.1　受益归宿分析法

受益归宿分析法（benefit incidence analysis，BIA）研究谁从公共服务的供给中受益，是量化研究财政支出受益归宿的主要方法。标准 BIA 方法又叫成本分析法，通过政府对公共服务的供给成本直接反映利用者的受益。另一种是补偿分析法，引入效用函数，考虑个人对医疗服务的主观评价，然而这种方法使用限制较多，主观评价难以计量，应用不广泛，因此本章的研究采用成本分析法。O'Donnell[①] 说明了如何利用 BIA 方法分析公共医疗服务受益分配：首先统一口径来量化个人公共医疗利用，其次测算政府医疗投入的单位成本，最后得到个人医疗受益额，从而得出群体间公共医疗服务受益占比。

5.2.1.1　个人公共医疗服务使用量测算

识别个人公共医疗服务受益的关键变量在于公共医疗服务使用量 q_i，个人医疗利用越多，从中受益就越多。已有流动人口公共医疗服务利用的研究中，王鸿儒等[②]采用发病后是否去看病等指标表示医疗利用，徐凡等[③]通过看诊情况与住院率反映医疗利用。大多研究未将看病费用、看病时间长短等深度因素考虑在内，对流动人口医疗利用的分析不够全面。因此，在衡量公共医疗服务使用量时，要采用能全面反映看诊服务与住院服务利用的指标。卢洪友和杜亦譞[④]将看诊服务利用统一转化为住院服务利用，将儿童医疗利用分摊至家庭中每个成人，得到成人综合住院服务利用。

本章采用相应方法，结合 CFPS 数据实际，统一医疗利用口径，用住院天数代表公共医疗服务的利用，即将个人住院费用、看诊费用分别除以医疗机构（每人）日均住院费用、次均看诊费用，得到个人住院天数与看诊次数，再将

①　O'DONNELL，OWEN. The incidence of public spending on healthcare：Comparative evidence from Asia［J］. World Bank Economic Review，2007，21：93-123.

②　王鸿儒，成前，倪志良. 卫生和计划生育基本公共服务均等化政策能否提高流动人口医疗服务利用［J］. 财政研究，2019（4）：91-101.

③　徐凡，赖晋锋，都梦雪，等. 泸州市流动人口医疗卫生服务利用现状分析［J］. 微量元素与健康研究，2018，35（6）：53-55.

④　卢洪友，杜亦譞. 中国财政再分配与减贫效应的数量测度［J］. 经济研究，2019（2）：1-20.

看诊次数转化为住院天数，统一用综合住院天数衡量个人公共医疗服务的利用。分别测算出成人与儿童的住院天数后，以家庭为单位，将儿童住院天数与自付费用分担至家庭中的成人，再将成人住院天数标准化得到最终的医疗使用量。依据式（5.1）可将个人住院费用、看诊费用转化为住院天数 q_i。

$$q_i = \frac{a_i}{u_a} + \frac{b_i}{u_b} \times \frac{u_a}{u_b} \tag{5.1}$$

其中，a_i 为个人 i 的住院费用，u_a 为医疗机构每人日均住院费用，b_i 为个人 i 的看诊费用，u_b 为每人次均看诊费用。第一部分住院天数 a_i / u_a 由住院费用除以每人每天住院费用得到，看诊次数 b_i / u_b 由看诊费用除以每人每次看诊费用得到，转换系数 u_a / u_b 为日均住院费用与次均看诊费用的比率；第二部分住院天数由看诊次数乘以转换系数得到，两部分住院天数之和为综合住院天数。分别求出成人与儿童的综合住院天数后，将儿童的住院天数按家庭成人数量分摊至成人，统一以成人住院天数 q_i 衡量医疗受益。

需要注意的是，实际住院天数与使用者个人需求有较大关系，身体健康的人医疗利用少，不健康的人医疗利用多，但是这不能代表医疗资源配置的不公平。为避免个人需求影响医疗分配，剔除由个人因素导致的医疗使用差异，需要将住院天数标准化。本章利用平均值法将住院利用标准化，首先将影响公共医疗服务利用的因素分为两大类，即必要因素与非必要因素。必要因素包括身体健康水平、锻炼频率、睡觉时间、性别、年龄层等健康特征，非必要因素包括收入、医疗保障情况、受教育年限等社会特征。将这些因素作为自变量，住院天数为因变量，进行回归分析：

$$q_i = a + \sum_k \Phi_k \, need_{ki} + \sum_m \varphi_m \, noneed_{mi} + \psi \tag{5.2}$$

根据式（5.2）测算回归系数，得到个人 i 的拟合住院天数 $\hat{q_i}$。根据式子 $q_i - \hat{q_i} + \bar{q}$，将拟合值与实际值的差值加上个人住院天数的均值 $\bar{q}$，得到剔除个人需求因素的标准化住院天数。

5.2.1.2 公共医疗服务单位成本测算

本章以政府对医疗机构的补助作为公共医疗服务的供给成本，根据 2016 年《中国卫生和计划生育统计年鉴》，将政府对医疗机构的补助额除以住院人数及人均住院时长，计算出每人每天从住院服务中得到的补助额，也就是公共医疗服务的单位供给成本。其单位成本计算公式如下：

$$c_j = \frac{E_j}{n_j \times t_j} \times \alpha_j \tag{5.3}$$

其中，E_j 为 j 省份医疗机构所获补助收入，n_j 为医疗机构住院人数，t_j 为人均住院天数，α_j 为 j 省医疗质量调整系数，计算可得住院服务的每人每天单位成本 c_j，对于使用者来说为单位受益。由于流动人口信息中缺乏就医地点的数据，而流动人口在流入地的居住时间短至半年、长则数十年，默认流动人口的公共医疗服务由流入地提供。各省医疗服务质量的差异会影响单位受益，财政实力较强的省份人均卫生支出更高，医疗机构设施质量更好，医护人员综合素质更高，无形中提高了医疗利用的单位受益，因此需要标准化各省份的医疗服务质量，根据人均政府卫生支出调整单位受益。将各省份人均政府卫生支出除以所有省份的均值，得到其调整系数 α_j，与公共医疗服务单位成本相乘得到调整后的单位成本 c_j。

5.2.1.3 医疗受益测算及归宿分析

公共医疗服务的单位成本，对使用者来说即为单位受益，与个人实际医疗利用相乘得到其个人公共医疗服务受益额，进而可按照流动人口的细分依据，分别核算不同收入、地区、流动方向以及流动范围群体间的公共医疗服务受益归宿。核算每个人的受益额是分析不同群体间受益归宿的研究基础，识别个人公共医疗服务受益的基本公式如下：

$$s_i = \max(0,\ q_i c_j - f_i) \tag{5.4}$$

其中，s_i 是个人 i 的公共医疗服务净受益，q_i 为个人 i 的公共医疗服务使用量，c_j 为 j 省份公共医疗服务的单位成本，f_i 为自付医疗费用。将标准化住院天数 q_i 与单位受益 c_j 代入式（5.1）得到个人净受益 s_i，进一步可根据式（5.5）识别出各细分群体的医疗受益占比，得出公共医疗服务在不同特征群体间的受益归宿。

$$Q_q = \frac{\sum_{i \in q} S_i}{\sum S_i} \tag{5.5}$$

其中，Q_q 是 q 群体的医疗受益份额，由属于 q 组的个人 i 受益之和除以所有组的受益总和得到。与此同时，私人自付医疗成本在群体间的归宿可同理求出，公共医疗服务净受益归宿也可得到。流动人口细分群体的分组依据包括收入、地区、流动方向、流动范围等，可以全面解析流动人口不同特征社会群体间的公共医疗服务受益归宿。若公共医疗服务受益占比高于其人口占比，则受益归宿倾向于该群体。

5.2.2 数据来源及指标说明

5.2.2.1 数据来源

本章采用 2016 年中国家庭追踪调查数据（以下简称 CFPS）研究微观角度上的医疗利用，该调查由北京大学中国社会科学调查中心实施，重点在反映中国社会、经济、人口及教育的变迁，从 2010 年开始每两年进行一次追踪调查。2016 年的 CFPS 调查数据涵盖了 31 个省（自治区、直辖市），目标样本包括 14 000 多户家庭，调查对象为家庭中的全部家庭成员，分为社区、家庭、成人和儿童四种问卷类型。其中，从成人及儿童调查问卷中可得到公共医疗服务利用的个人信息，包括个人住院费用、看诊费用、健康特征、社会特征等影响个人医疗需求的变量；从家庭经济问卷中可得到收入核算账户，以反映受益前后的收入变化。剔除缺失数据后得到成人样本 32 981 个，儿童样本 8 303 个。依据家庭编码，将成人问卷与儿童问卷数据、家庭经济问卷并库处理。按照统计局的区域划分标准，将成人样本居住地分为东、中、西部，分布结果如表 5-1 所示。

表 5-1　样本区域分布表

地区	省份	样本量
东部	北京、天津、辽宁、河北、山东、上海、浙江、江苏、福建、广东、广西、海南	11 807
中部	山西、内蒙古、吉林、黑龙江、安徽、江西、河南、湖南、湖北	11 452
西部	重庆、云南、贵州、四川、西藏、甘肃、陕西、青海、宁夏、新疆	9 722

为了在所有样本中识别出流动人口，本章依据家庭追踪调查问卷中的户口所在地信息，将户口地在居住地的同县的其他乡镇、同省的其他县区或者其他省的人识别为流动人口，户口地在居住地同村以及同镇其他村的人识别为非流动人口。由于 2016 年 CFPS 数据中户口所在地无效数据较多，以此指标识别出的流动人口样本较少，仅 1 000 余人，因此需要补充识别流动人口的指标。由于 CFPS 数据对同一批样本连年追踪调查，依据个人识别码，本章将 2016 年数据与 2014 年、2012 年数据作并库处理，以 2014 年、2012 年的户口地数据作为补充流动人口的指标，通过合理的近似补充最终识别出 4 814 个流动人口样本。

同时，各省医疗机构的年补助收入、住院人数、人均住院天数、每人日均住院费用及次均看诊费用等省份医疗数据源于 2016 年《中国卫生和计划生育统计年鉴》，依据省份编码将省份医疗数据与 CFPS 数据作并库处理。根据统计年鉴，依据登记类型将医疗机构分为公立医院与私立医院，且财政医疗补助的99.3%都流向公立医院，人均住院天数的计算范畴只包括公立医院，在计算公共医疗服务的单位成本时以公立医院代表所有医疗机构来测算。

5.2.2.2　指标说明

为了将住院天数标准化，本书的研究以个人特征为自变量，住院天数为因变量作回归，反映各因素对公共医疗服务利用的影响。其中，自变量包括自评健康水平、过去一周锻炼次数、是否晚睡、年龄层、性别、家庭人均纯收入、医疗保险情况、受教育年限。变量说明如表5-2所示。

表5-2　变量说明

变量	说明
Hospital	住院天数
Health	自评健康水平（1表示非常健康，2表示很健康，3表示比较健康，4表示一般，5表示不健康）
Sport	每周锻炼次数
Sleep	是否晚睡（1表示晚睡，0表示不晚睡）
Age1	18~34周岁（1表示符合，0表示不符合）
Age2	35~50周岁（1表示符合，0表示不符合）
Age3	51~65周岁（1表示符合，0表示不符合）
Age4	65周岁以上（1表示符合，0表示不符合）
Gender	性别（1表示男生，0表示女生）
Income	家庭人均纯收入的自然对数值
Insurance	医疗保险参与（1表示无，2表示新农合，3表示其他保险）
Education	受教育年限

5.3　实证结果

5.3.1　医疗服务利用的边际效应

为了剔除个人需求对医疗服务利用的影响，本部分的研究通过逻辑回归得到个人因素对住院天数的边际效应，再通过平均值法将住院天数标准化。以成人综合住院天数为因变量，逐步添加自变量做回归，第一步的自变量是健康水平，第二步添加生活习惯变量：周锻炼次数、是否晚睡，第三步添加生理特征：年龄层次、性别，第四步添加社会特征：家庭人均纯收入、医保情况、受教育年限，回归结果如表5-3所示，在第四步回归后可以计算得到标准化的住院天数。

表5-3 公共医疗服务利用的影响因素（边际效应）

变量名称	（1）	（2）	（3）	（4）
Health	11.39*** (0.226)	11.33*** (0.225)	10.21*** (0.239)	10.28*** (0.242)
Sport		1.117*** (0.089 0)	0.912*** (0.088 7)	0.826*** (0.090 8)
Sleep		−1.924*** (0.494)	0.174(0.513)	−0.705(0.537)
Age1			7.250*** (0.716)	5.951*** (0.724)
Age2			5.327*** (0.739)	3.496*** (0.772)
Age3			11.83*** (0.829)	9.673*** (0.880)
Age4			19.19*** (1.111)	17.13*** (1.182)
Gender			−2.753*** (0.471)	−2.569*** (0.476)
Income				2.599*** (0.276)
Insurance				2.119*** (0.480)
Education				−0.186*** (0.069 0)
Constant	−11.40*** (0.589)	−13.04*** (0.646)	−17.83*** (0.914)	−43.60*** (2.518)
Observations	32 842	32 842	32 842	32 161
R−squared	0.096	0.102	0.112	0.117

注：括号内是稳健标准误，***代表1%的显著水平，**代表5%的显著水平，*代表10%的显著水平。

表5-3显示，加入所有变量后，除了是否晚睡外，其他变量均在1%水平上显著，强有力的解释了医疗利用。其中，健康水平、年龄在65周岁以上两个变量的系数最大，说明健康状况与高年龄层级对住院服务利用的边际效应非常大，65周岁以上且健康状况差的人对医疗服务的需求极高。不同年龄层中，35~50周岁的人医疗需求最小，65周岁以上的人医疗需求最大。是否晚睡变量在第二步回归中显著，但随着生理特征、社会特征变量的加入变得不显著，这可能是由于个人、社会错综复杂的因素弱化了晚睡对医疗利用的影响。在性别方面，女性比男性的医疗利用更多，可能是因为女性的身体素质较弱、病症更复杂。

收入越高的人医疗服务需求越大，可能是由于收入较高的群体更注重自身健康的维护，更愿意花费时间、金钱成本保证健康安全。关于参保对医疗利用的影响，可以发现无医保、有新农合医保的人使用医疗服务的概率较小，有其他医保（城镇职工医保、城乡居民医保、补充医保）的人更有可能利用医疗服务，这可能是因为其他保险的报销比例更高，医疗项目覆盖更广。

5.3.2　不同维度群体间受益归宿分析

5.3.2.1　收入群体间受益归宿

将识别的流动人口按家庭人均纯收入分为五组，最低、中下、中等、中上、最高收入群体，每组收入群体的人口占比均为20%。通过表5-4可以得出流动人口中的公共医疗受益归宿是倾向于富人的，并且穷人的自付费用负担更重。最高收入组的医疗净受益是最低收入组的两倍有余，医疗受益归宿严重偏向最富有的40%群体。

表 5-4　流动人口收入群体间受益归宿　　　　　单位:%

收入分组	收入占比	医疗受益	医疗净受益	自付医疗费用
最低	3.87	13.55	12.41	21.00
中下	8.39	13.46	12.54	20.37
中等	12.97	16.48	16.15	18.53
中上	19.95	26.57	26.98	22.34
最高	54.83	29.94	31.92	17.76

医疗受益归宿虽然不公正，但其分配差距远小于收入分配差距。最高收入组的收入占比约为55%，医疗受益占比约为30%；最低收入组收入分配占比约为4%，医疗受益占比约为14%；收入分配占比超过20%的群体只有最高收入组，医疗受益分配占比超过20%的群体包括中上与最高收入两个群体，因此公共医疗服务的供给会对收入分配产生积极影响。

医疗净受益的受益归宿与医疗总受益的受益归宿基本趋势相近，均具有亲富性。在考虑到私人自付医疗成本后，较低收入的三组群体医疗净受益比医疗总受益更低，较高收入的两组群体的净受益反而更高，这说明较低收入者的自付医疗费用较高。最高收入组的自付医疗费用比例是所有群体中最低的，最低收入组的自付比例却比较高，应统一医保待遇，调整自付医疗成本的分担。

表 5-5 流动人口与非流动人口的受益对比   单位:%

收入分组	医疗总受益占比		自付医疗费用占比	
	流动人口	非流动人口	流动人口	非流动人口
最低	13.55	16.06	21.00	20.80
中下	13.46	15.65	20.37	18.98
中等	16.48	16.66	18.53	19.21
中上	26.57	21.18	22.34	19.81
最高	29.94	30.45	17.76	21.20

为了对流动人口视角有更深入的理解,将非流动人口与流动人口作对比分析。在 27 830 个非流动人口样本中,采取同样的方法,以收入为依据划分五等分人口,得到公共医疗服务的受益归宿。根据表 5-5,对比两者的医疗总受益与自付费用比例可以看出,虽然非流动人口的医疗受益归宿也不尽公平,但是群体间受益差距与私人自付差距比流动人口更小。

在医疗受益上,非流动人口的最高收入组虽然仍占据着最高受益,但是中上收入组的受益接近 20%,受益更多地向低收入者倾斜,因此受益归宿对流动人口更加公正。在私人医疗负担上,非流动人口各收入群体间分摊比例均在 20% 左右,差异不明显,其中,最高收入群体分担了相对最高的医疗费用,比较公正。在与非流动人口对比后,发现流动人口间的医疗受益分配、私人成本分担的不公平程度较大,因此要重视流动人口的医疗资源配置问题,促进医疗服务均等化。

5.3.2.2 地区间受益归宿

为了衡量地区间公共医疗服务的受益归宿,按照统计局划分标准,将流动人口居住地分为东部、中部、西部,分别得到其人口占比、总受益占比、净受益占比、自付费用分担(如图 5-1 所示)。

其中,西部的流动人口占该地区人口比重将近 20%,中部、东部的流动人口占该地区人口比重均在 40% 左右,不难理解,中部、东部发展潜力更大,流动人口多流向中部与东部。如果某区域群体的医疗受益占比等于其人口占比,那么医疗受益归宿具有公平性。由图 5-1 可知,三个地区的自付费用占比与人口占比差距不大,而总受益占比和净受益占比却与人口占比相较过大。地区间公共医疗服务受益归宿严重偏向东部,东部地区受益占比至少是人口占比的 1.5 倍;中部与西部的医疗受益占比均低于其人口占比,中部地区的医疗受益占比甚至不到其人口占比的一半。公共医疗服务受益分配在东部地区与中部地区间较为不公，中部地区人均医疗服务受益较低，医疗需求可能远远不能得到满足。

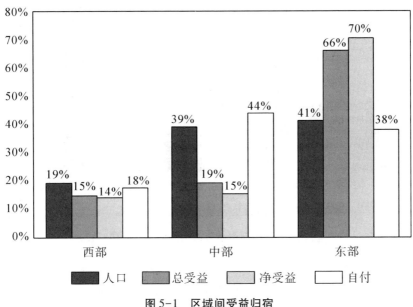

图 5-1　区域间受益归宿

5.3.2.3　不同流动方向的受益归宿

为了将流动群体按照流动方向细分，需要依据户口类型、流入地区域两个变量。户口类型可分为农业户口与非农业户口，流入地区域按照统计局标准划分为城市与乡镇，将户口类型与流入地区域交叉分类可将流动人口分为四类群体：由乡村流向乡村、由乡村流向城市、由城市流向乡村、由城市流向城市，分别得到其人口占比、总受益归宿、净收益归宿、自付费用分担。

由图 5-2 可知，流动人口群体中，乡乡流动人口比例为 16%，乡城为 31%，城乡为 8%，城城为 45%，城城流动比例最高。城城流动人口多的主要原因可能是交通发达、人力资本在城市之间的流动增强，还有测算误差也会轻微高估来自城市的流动人口数量。因为个别非农业户口的所在地在农村，非农业人口代表城市人口可能会高估来自城镇的流动人口数量。乡城流动人数仅次于城城流动人数，占比 31%，其主要代表是农民工，2 亿多的农民去往城市务工，有利于优化产业结构，扩大内需。城乡流动的人口占比仅为 8%，不难理解，不论是经济发展，还是公共服务基础设施，城市的吸引力都远远大于乡镇。

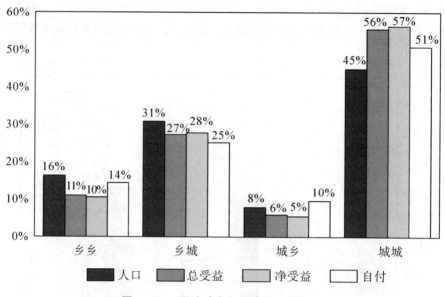

图 5-2 不同流动方向群体间受益归宿

在符合医疗正义的情况下，公共医疗服务的受益归宿、自付成本分担与人口比例应该是一致的。由图 5-2 可以看出，医疗受益分配倾向于城城流动群体，其医疗净受益占比约是人口占比的 1.25 倍。其他三类群体的受益占比均低于人口占比，其中，乡乡群体的受益占比与人口占比相差最大。这说明公共医疗服务受益归宿有利于城城流动群体，对乡乡流动群体最为不利，推进城乡医疗服务均等化任重而道远。在私人自付医疗成本的分担上，来自城镇的流动人口承担比例更高，可能的原因是城镇人口收入较高，健康意识较强，愿意花费更多成本以享受最优质的服务。流动人口离开家乡去外地工作，默认其医疗服务利用地点在流入地，在城市享受公共服务的包括乡城与城城两个群体，其中乡城受益低于人口占比，城城受益却高于人口占比。同时，在乡村享受公共服务的流动人口包括乡乡与城乡两个群体，但是乡乡的受益短缺更加明显。这都说明在相同的居住地，来自农村的流动人口比来自城市的流动人口医疗利用更少。

5.3.2.4 不同流动范围的受益归宿

为了将流动群体按照流动范围细分，依据户口地变量，户口地在居住地同省的其他县、同县的其他乡的人为省内流动群体，户口地在其他省份的人为省外流动群体，得到其人口比例、受益归宿及自付费用分担归宿。

由图 5-3 可以看出，省内流动人口显著多于省外，是省外流动人口的 4 倍多，而公共医疗服务的受益归宿倾向于省外流动人口。在西部开发、中部崛起战略的宏观调控下，中部、西部经济发展迅速，基础设施不断完善，为流动人口创造了大量就业岗位与良好的生活环境。超级大城市①对年轻人的吸引力降低，越来越多的人选择流向区域中心城市，选择流向离家近、生存压力小的省会城市，进一步推动当地经济良性循环发展。流向省外的人口大多会选择经济较为发达的省份，因为发达省份的财政资金充足，对医疗卫生的投入更多，可以提供质量较高的公共医疗服务，所以省际流动的人医疗受益更多。这也为政策制定提供了思路，要平衡经济发展水平不同的省份间的医疗资源配置，促进区域间公共服务均等化。

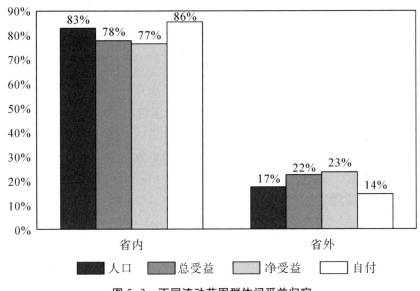

图 5-3　不同流动范围群体间受益归宿

5.3.3　收入再分配效应

表 5-6 展示了 2016 年流动人口不同收入组的人均住院天数、人均公共医疗服务受益总额，以及受益前后人均家庭纯收入的变化。从表 5-6 可以看出，群体间医疗利用差异不大，而医疗受益额差距较大，这说明地区间公共医疗服务的单位成本差距致使医疗受益归宿不尽公平，应促进各地医疗财政投入均等

---

① 一般指城区常住人口超过 1 000 万的城市。

化。在收入改善上，最低收入组的医疗受益额甚至高于其收入，收入改善比例①高达135%，随着群体的收入增加，公共医疗服务的收入改善比例降低，即公共医疗服务对收入的边际影响降低。因此公共医疗服务对低收入群体的收入改善效用最大，可以缩小贫富差距，形成正向再分配效应。

表5-6　流动人口公共医疗服务利用与收入改善

收入分组	家庭人均纯收入/元（1）	住院天数/天	医疗总受益额/元	家庭人均纯收入/元（2）	收入改善比例/%
最低	6 263	27.46	8 471	14 724	135
中下	13 570	23.92	8 084	21 655	60
中等	20 996	24.83	10 077	31 078	48
中上	32 267	27.95	16 086	48 356	50
最高	99 662	26.76	21 083	119 145	21

为了精准反映公共医疗服务的再分配效应，识别出受益归宿后，利用基尼系数、MT指数等指标来表示受益前后的收入改善情况。以家庭人均纯收入为核算账户，将原有收入、加入医疗总受益收入、再减去自付费用后的收入分配作对比，并且比较流动人口与非流动人口在再分配效应上的差异。

表5-7反映了流动人口与非流动人口收入分配变化情况，一步步解析了公共医疗服务的再分配效应。可以看出，流动人口原有收入分配的基尼系数高于0.52，虽然高于国家统计局公布的0.47~0.49，但与李永友②测算的0.53以上较为接近。加入医疗受益后，流动人口基尼系数降低，医疗受益在一定程度上改善了收入不平等的现状；经过私人自付医疗成本分担后，基尼系数又有一定的反弹，在一定程度上扩大了收入差距，但是最终净受益的再分配效应仍为正。泰尔指数在加入受益后降低，减去自付费用后又回升了一部分，其变化也说明了相同结论。MT指数为分配前基尼系数与分配后基尼系数之差，加入医疗总受益后的MT指数为正，医疗服务缩小了社会贫富差距，其再分配效应为正；再减去自付费用后的MT指数为负，且数值是上一步的一半，说明受益带来的正效应被私人自付的负效应抵消了一半。

――――――――――

①　为了表现医疗受益对不同收入组原有收入的改善程度，定义收入改善比例为家庭人均纯收入的增长率。

②　李永友，郑春荣. 我国公共医疗服务受益归宿及其收入分配效应：基于入户调查数据的微观分析［J］. 经济研究，2016（7）：132-146.

表 5-7 流动人口与非流动人口的再分配效应

	不平等指数	原有收入（1）	加入医疗总受益（2）	再减去自付费用（3）
流动人口	基尼指数	0.524	0.513	0.519
	泰尔指数	0.651	0.579	0.598
	MT 指数		0.011	−0.006
非流动人口	基尼指数	0.545	0.516	0.522
	泰尔指数	0.769	0.636	0.658
	MT 指数		0.026	−0.006

对于非流动人口，加入医疗总受益后基尼系数降低，受益归宿有利于改善收入不平等现状，对比 MT 指数可以看出，其再分配效应是流动人口的两倍多，政策效果更加明显。考虑到私人自付医疗成本后，基尼系数上升，私人自付抵消了一部分受益分配带来的正效应，但是其抵消程度只是流动人口抵消程度的一半。泰尔指数显示了相同结论，即非流动人口医疗净受益的再分配效应比流动人口更大。因此政府需要提高医疗均等化政策对流动人口的效果，加大公共医疗服务对流动人口收入分配的调节作用。

5.4 本章小结

本章从流动人口的角度，根据 2016 年中国家庭追踪调查（CFPS）数据，通过 BIA 方法测算了个人公共医疗受益额。将流动人口按照不同维度分解，分析了不同收入群体、不同区域、不同流动方向以及不同流动范围的群体间的受益归宿。通过指标评价公共医疗服务对流动人口的再分配效应，并与非流动人口对比分析，得出如下结论：第一，公共医疗服务受益归宿更倾向于高收入群体，具有亲富性，非流动人口受益归宿虽然也具有亲富性，但各组受益差距小于流动人口。第二，不同地区间的受益归宿中，中部地区受益占比远小于人口占比，东部地区受益占比却较高；不同流动方向的群体中，受益分配有利于城城流动，不利于乡乡、乡城、城乡流动群体；不同流动范围的群体中，医疗受益归宿更倾向于省际流动群体。第三，公共医疗服务的供给缩小了流动人口间的收入差距，形成了正向再分配效应，但私人费用的分担抵消了部分正效应；非流动人口也是如此，只是正向再分配效应更加明显。

对流动人口受益分析及其再分配效应的研究结果，为完善流动人口公共医疗服务供给提供了政策思路。具体政策建议如下：①改革医保体系。一方面，促进"户随人走"。虽然异地就医结算制度逐步展开，但是其结算原则为执行就医地的医保目录、参保地的待遇政策，病人所受报销待遇仍然不同，可以考虑促进"户随人走"，从根本上规避参保地与就医地待遇差异的情况。另一方面，在条件成熟后逐步取消医保类型差别。统一城镇职工医疗保险、城镇居民医疗保险及新型农村合作医疗保险制度，促使流动人口享受同等医疗报销比例，降低自付医疗成本，平等地利用公共医疗服务。②优化财政医疗支出结构。要优化医疗支出结构，调节中央与地方的支出比例，重新划分事权范围，提高中央财政在医疗供给中的主动性，加大中央本级医疗卫生支出以及对地方的转移支付，使中央在公共医疗服务供给中承担主要责任，以促进区域间医疗服务均等化。③拓宽医疗资金供给渠道。建立健全由政府主导的医疗卫生多元筹资模式，引入公益基金，形成社会捐赠与财政支出并行的医疗补助机制。政府应设立专门部门对公益基金进行严格管理，做好保值增值服务，将资金定期拨付给各医疗机构，接受社会、媒体、群众的监督，合理分配公益资金。④提高医疗机构的资金使用效率。医疗机构要完善预算管理，建立全面评价机制。政府可与第三方评估机构合作，全面评价医疗机构的服务情况，建立健全绩效考核体系。检测各医疗机构的服务人数、技术人员数量、资金使用效率，征集群众反馈，对其进行量化打分，依据其综合评价拨付资金。强化"花钱必问效、无效必问责"的理念，促进医疗资金用之有效。

6 转移性支出对流动人口多维贫困的影响

6.1 引言

实现精准扶贫、精准脱贫需要借助有效的社会政策和多元化的治理机制，财政在贫困治理中处于主体地位。各国研究多通过比较财政转移支出前后的贫困指标变化，判断其减贫作用大小。Nolan 和 Marx[1] 发现转移性支出水平与贫困之间存在着负相关关系，转移性支出每减少 1% 就会使贫困率增加 1%。Shimeles 等[2]基于突尼斯国民消费与家庭生活调查数据的分析也得到了同样的结论。若按照不同的贫困线划分贫困家庭，对极度贫困家庭的转移支付效果比中度和轻度贫困家庭更好。当转移支付向老人、儿童等弱势群体倾斜时，减贫效果更加明显。

在针对中国的研究方面，卢盛峰等[3]侧重从政府-企业-家庭多层次体系考察转移支付的亲贫性与再分配效果，研究发现来自政府的转移性资金瞄准效果最佳。而徐爱燕和沈坤荣[4]对转移性支出进行分类后发现，瞄准较好的经济性转移支出与社会性支出的减贫效果较好。具体而言，五保户补助、特困补助和

① NOLAN B, MARX I. Economic inequality, poverty, and social exclusion ［M］. Oxford Handbook of Economic Inequality, Oxford：Oxford University Press, 2009.

② SHIMELES A, MOUMMI A, JOUINI N, et al. Fiscal incidence and poverty reduction：Evidence from Tunisia ［R］. Commitment to Equity (CEQ) Working Paper Series, 2016.

③ 卢胜峰，陈思霞，时良彦. 走向收入平衡增长：中国转移支付系统"精准扶贫"了吗？［J］. 经济研究, 2018, 53 (11)：49-64.

④ 徐爱燕，沈坤荣. 财政支出减贫的收入效应：基于中国农村地区的分析 ［J］. 财经科学, 2017 (1)：122-128.

农业补贴等财政补贴更有利于贫困人口，减贫效率较高。从时间上来看，农村转移资金的短期作用效果明显，长期减贫效应随着时间推移递减。不难发现，转移支付可以直接增加贫困家庭收入，从而提高贫困群体的脱贫能力。现金转移支付的减贫作用不仅能提高贫困人口的收入状况，还能综合改善受益者的多维贫困。转移支付还能发挥自动稳定功能，保障贫困地区公共服务的供给，从而增强转移支付的多维减贫作用。但是，运用转移支付工具时需要警惕贫困人口对转移支付产生依赖，从而扭曲了贫困人口劳动激励。通过梳理文献我们发现，现有研究多集中在公共转移支付对农村居住家庭或老人的影响。那么对于流动人口而言，转移支付是否也同样有效？具体而言，如果公共转移性支出能够缓解流动人口的多维贫困，效果有多大？

为解决这两个问题，本章基于 2016 年家庭追踪调查数据（以下简称CFPS2016），在定量测算流动人口多维贫困的基础上，实证评估了公共转移性支出的减贫效应。可能的创新点在于：①按照流动方向、流动数量和流动距离三个角度测算了不同层面流动人口的多维贫困；②从政府-社会-居民多层次体系考察了公共转移性支出对流动人口多维贫困的影响；③丰富和完善了转移支付、多维贫困等领域的研究文献。

6.2 方法及数据说明

6.2.1 Alkire-Foster 方法

多维贫困分析方法借鉴了 Alkire 和 Foster[①] 提出的 AF 方法。该方法运用两次贫困门槛来识别出多维贫困人口，因此又称其为"双界法"。第一层贫困界限用于识别个体在各维度上是否经受着能力剥夺，表明样本的单维度贫困状况，第二层界限通过对比设定的多维贫困临界值和个体的被剥夺分数大小来判断样本是否经受着多维贫困。

第一步，识别个体的单维度贫困。设定 X 为一个 $N \times D$ 的矩阵，矩阵元素 x_{ij} 表示个体 i 在 j 指标上的生活水平。随后定义每个维度的贫困标准值 z_j。$x_{ij} < z_j$ 时，个体 i 在 j 维度就处于贫困状态。用剥夺矩阵 g^0 来表示：$x_{ij} < z_j$，$g_{ij}^0 = 1$，否则 $g_{ij}^0 = 0$。矩阵 g^0 总结了个体的单维贫困情况。

---

① ALKIRE S, FOSTER J. Counting and multidimensional poverty measurement [J]. Journal of Public Economics, 2011, 95（7）：476-487.

第二步，将单维的贫困聚合加总。令 $w = (w_1, w_2, \cdots, w_d)$ 表示指标权重，其中 $0 < w_j < 1$ 并且 $\sum_{j=1}^{d} w_j = 1$。用 c_i 表示加权剥夺分数，$c_i = \sum_{j=1}^{d} w_j g_{ij}^{0}$。接着设置多维贫困临界值 K，表示个体被认定为多维贫困群体时所需要的最低剥夺分数。用函数 ρ_k 来表示多维贫困，如果 $c_i \geq K$，则将多维贫困识别函数定义为 $\rho_k = 1$；否则，定义识别函数 $\rho_k = 0$。ρ_k 为 1 表示个体 i 现阶段正经受着多维贫困，ρ_k 为 0 表示个体 i 现阶段处于非多维贫困状态。

设定删除矢量矩阵 $g^0(k)$。矩阵元素表示为 $g_{ij}^0(k)$，如果 $\rho_k = 1$，那么 $g_{ij}^0(k) = g_{ij}^0$；$\rho_k = 0$，那么 $g_{ij}^0(k) = 0$。此时计算出的 $c_i(k)$ 表示多维剥夺临界值为 K 时的剥夺得分，$c_i(k) = \sum_{j=1}^{d} w_j g_{ij}^0(k)$，$\rho_k$ 等于 0 时，$c_i(k)$ 也为 0。所以 $c_i(k)$ 也表示多维贫困人口的剥夺得分。

$$H = \frac{q}{n} \qquad (6.1)$$

$$A = \frac{\sum_{i=1}^{n} C_i(k)}{q} = \frac{\sum_{i=1}^{n} \sum_{j=1}^{d} w_j g_{ij}^0(k)}{q} \qquad (6.2)$$

$$M_0 = H * A = \frac{\sum_{i=1}^{n} C_i(k)}{n} = \frac{\sum_{i=1}^{n} \sum_{j=1}^{d} w_j g_{ij}^0(k)}{n} \qquad (6.3)$$

式（6.1）~式（6.3）是多维贫困指数的几个计算公式。贫困发生率 H 的计算如式（6.1）所示，q 是使用 AF 方法识别的多维贫困人口数，n 表示样本人口。式（6.2）中 A 表示平均贫困份额，也就是贫困人口的平均剥夺得分，$\sum_{i=1}^{n} c_i(k)$ 表示多维剥夺得分。式（6.3）中 M_0 代表多维贫困指数（MPI），也是调整后的贫困人口发生率，等于所有人口的剥夺计数与总人口的比值。

6.2.2 倾向得分匹配方法

仅按照家庭是否接受公共转移性支出将流动家庭分为两组衡量转移性支出的作用会出现由选择性偏误引起的结果偏差，因此本书采用倾向得分匹配方法（PSM）消除内生性，估计公共转移性支出对多维贫困的影响。

倾向性得分是指在控制不相关变量条件下，个体接受干预（公共转移性支出）的条件概率表示如下：

$$p(x) = Pr[D = 1] X = E[D \mid X] \qquad (6.4)$$

其中，D 表示个体是否接受转移性支出，$D = 1$ 表示接受，$D = 0$ 表示未接受。

X 表示一系列影响家庭获得转移性支出的控制变量。$p(x)$ 倾向得分越高，个体接受干预的概率也就越大。模型中包含的协变量不仅影响倾向得分的正确性，也会影响最终的估计效果。因此，在协变量选取时，不仅要考虑与公共转移性支出相关的因素，更需考虑与干预效果相关的因素以降低方差。

对于接受公共转移性支出的处理组，我们从未接受公共转移性支出的对照组中寻找和它得分值最为接近的一个或多个样本进行匹配，直至所有处理组样本匹配完毕。未匹配的样本会被舍弃，使得原本差异较大的两组数据得到统计上的平衡，使之近似满足平行趋势。文章采用最邻近匹配方法进行匹配，以倾向值 $p(x_i)$ 为依据，在控制组中寻找最接近实验组样本个体倾向值的对象，并将两组中的数据进行配对。匹配后数据得到近似随机化的分布，若第 i 个人的倾向性得分为 $p(x_i)$，Y_{i1}、Y_{i0} 表示个体在接受公共转移性支出和未接受公共转移性支出情况下的多维贫困状况，那么公共转移性支出的平均处理效应（ATT）的计算方法如下：

$$ATT = E[(Y_{i1} - Y_{i0}) \mid p(x_i)，D = 1] \tag{6.5}$$

6.2.3 数据说明

6.2.3.1 数据来源

本书使用了 2016 年家庭追踪调查数据（china family panel studies，CFPS），该调查是由北京大学中国社会科学调查中心实施的一项大型社会、经济、人口变迁的全国性重大社会科学项目。CFPS 调查目前覆盖了 31 个省（自治区、直辖市），目标样本规模达到 14 000 多户，调查对象包含家庭中的全部家庭成员。问卷分三个层面：个人、家庭及社区。问卷内容包括家庭收入、家庭支出以及家庭接受转移支付的情况，可用于测算流动人口多维贫困状况并检验公共转移性支出的多维减贫作用。

6.2.3.2 指标设定

流动人口多维贫困是本章的研究重点，选择恰当的维度和指标不仅是指数构建的核心，也能更准确地反映流动人口的贫困状况。本书的研究选取收入、医保、健康、教育以及生活状况 5 个维度的 12 个指标，按照维度等分权重法（每个维度权重占比 0.2）构建了如表 6-1 所示的指标体系。

表 6-1　流动人口多维贫困指标

维度	指标	权重	剥夺值
收入	人均收入	1/5	人均家庭年收入小于官方贫困线①
医保	医疗保险	1/5	家庭 16~60 周岁成员中存在一人未参加医疗保险
健康	身高体重	1/15	16~60 周岁家庭成员有一个人的 BMI 指数<18.5
	患病住院	1/15	家中儿童过去 12 个月内有一人或多人因疾病住院
	独立活动	1/15	60 周岁以上老人能否独立进行户外活动、进餐、购物、使用交通工具、清洁卫生、洗衣及厨房活动等
教育	受教育年限	1/15	16~60 周岁家庭成员有一人未完成九年义务教育
	学龄儿童入学	1/15	家中有一个或多个学龄孩童未入学
	识字程度	1/15	60 周岁以上老人有一个人为文盲或处于半文盲状态
生活状况	生活用水	1/20	使用未进行安全过滤的江河湖水、井水、雨水等作为生活用水
	生活燃料	1/20	使用柴草或煤炭作为生活燃料
	住房面积	1/20	人均住房面积小于 13 平方米
	家庭资产	1/20	家中没有汽车、电脑等耐用消费品或生产性资产（农用机械）

本书的研究以流动家庭"上一年度是否收到过政府补助"的问卷调查结果作为公共转移性支出的代理变量，并将其简记为政府补助。同时对社会和亲友层面的社会捐助以及亲友帮助也进行测定，作为补充和对比。其他控制变量包括个人及家庭层面的特征，参见表 6-2。

表 6-2　PSM 方法变量描述

指标	说明
家庭人均收入	过去 12 个月家庭的人均纯收入
家庭土地资产	"您家是否分得包括耕地、林地、牧场和水塘在内的集体土地"：1=是；0=否
家庭住房所有权	"家中是否拥有现住房产权"：1=是；0=否

---

① 2011 年国家公布的官方贫困线为 2 300 元每人每年，本书的研究以 2011 年为基期，通过 CPI 指数进行消胀处理。

表6-2（续）

指标	说明
家庭综合人口	单位：人
家庭劳动力占比	家庭16~60周岁的劳动力/家庭综合人口
家庭重大事件	"上一年度所在家庭是否发生婚丧嫁娶、子女考学以及孩子出生等重大事件"：1=是；0=否
家庭居住地区	0=居住在东部；1=居住在中部；2=居住在西部
户主年龄	单位：岁
户主性别	1=男性；0=女性
户主教育情况	1=文盲/半文盲；2=小学；3=初中；4=高中/中专/技校；5=大专；6=本科；7=硕士；8=博士
户主健康情况	1=很不健康；2=比较健康；3=一般；4=很健康；5=非常健康
户主婚姻状况	1=在婚；0=未婚

6.3 实证结果

6.3.1 多维贫困整体测度

按照前文介绍的方法与数据指标，我们得到了如表6-3所示的全国流动人口家庭多维贫困情况。本章在利用AF模型衡量流动人口多维贫困变化情况时，并未设置单一的临界值，而是列举了K值从0.1到0.8的全部变化[①]。

表6-3　全国流动人口家庭多维贫困情况　　　　单位:%

剥夺临界值（K）	流动家庭			非流动家庭		
	多维贫困发生率（H）	贫困剥夺份额（A）	多维贫困指数（M_0）	多维贫困发生率（H）	贫困剥夺份额（A）	多维贫困指数（M_0）
$K=0.1$	71.7	26.2	18.7	67.1	24	16.1
$K=0.2$	46.1	32.7	15.1	37.5	31.7	11.9
$K=0.3$	25.6	40	10.2	19	39.4	7.5

① $K=0.9$时，指标结果均为0，不便于进行趋势分析，因此本书的研究未对其进行汇报。

表6-3（续）

剥夺临界值（K）	流动家庭			非流动家庭		
	多维贫困发生率(H)	贫困剥夺份额(A)	多维贫困指数(M_0)	多维贫困发生率(H)	贫困剥夺份额(A)	多维贫困指数(M_0)
$K=0.4$	10	49.6	5	7.1	48.2	3.4
$K=0.5$	4.5	56.5	2.6	2.5	56.5	1.4
$K=0.6$	1.1	67.4	0.7	0.7	65.7	0.5
$K=0.7$	0.4	73.3	0.3	0.2	72.1	0.1
$K=0.8$	0	83.3	0	0	81.7	0

　　观察表6-3不难发现，流动家庭所有多维贫困指标均高于非流动家庭，这说明流动家庭具有更加严重的多维贫困。该结果在不同贫困临界值下依然保持稳定，进一步说明在不同口径下，流动家庭的多维贫困均比较严重。

　　随着K值的不断变化，流动家庭与非流动家庭多维贫困指标数值呈现出的变化趋势一致。两类家庭多维贫困发生率（H）均开始下降，贫困剥夺份额（A）均开始增加，多维贫困指数（M_0）均逐渐减小。当$K=0.1$时，流动家庭贫困发生率最高，为71.7%，说明超过一半的流动家庭都存在着不同类别的贫困，或是教育不达标，或是健康状况不容乐观；当K增加到0.8时，多维贫困发生率已经下降至0%了，此时只有同时满足四维或五维贫困的家庭才处于多维贫困状态，说明流动家庭中极度贫困家庭很少。相反，流动家庭平均剥夺份额指数随着K的增大而增加，当$K=0.1$时，贫困剥夺份额最低，为26.2%；当$K=0.8$时，贫困剥夺份额最高，为83.3%。流动家庭的多维贫困指数表示为贫困发生率与贫困剥夺份额的乘积，在$K=0.1$时最高，随着K值的增加而逐渐减小，当K增加到0.8时，多维贫困指数等于0。从贫困广度与贫困深度的角度来理解，流动人口多维贫困指数的下降一方面证实了精准扶贫的成效，处于四维、五维的极度贫困家庭大量减少，贫困广度降低；另一方面，平均剥夺份额不断增加，表明贫困人口在特定指标上的贫困强度仍很严重。表6-4详细汇报了每个指标的贫困贡献度，帮助我们更加明确致贫原因。

表 6-4　流动人口各指标贡献情况　　　　　　单位：%

临界值	人均收入	医疗保险	身高体重	自评健康	独立活动	教育年限	儿童入学	识字程度	做饭用水	做饭燃料	住房面积	家庭资产
$K=0.1$	4.5	29.3	7.9	2.2	8	19.3	0.3	8.4	6.3	8.4	5.1	0.3
$K=0.2$	5.6	36.4	6.6	2.3	8.2	15.2	0.4	8.5	5.4	6.9	4.3	0.2
$K=0.3$	7.9	34.9	6.8	2.2	8.1	14.2	0.4	8.5	5.4	7.1	4.4	0.3
$K=0.4$	12	32.2	6.6	2.4	8.9	12	0.3	9.2	5.2	7	3.8	0.2
$K=0.5$	16.3	29.7	6.3	2.2	9	10.9	0.4	9.4	4.8	6.9	3.7	0.3
$K=0.6$	23.2	28.7	5.9	3.4	7.1	9.3	0.6	7.7	4.2	6.3	3.5	0.2
$K=0.7$	22.7	27.3	6.1	5.3	7.6	7.6	1.5	8.3	3.4	6.8	3.4	0
$K=0.8$	24	24	8	8	8	8	8	8	6	6	8	0

　　现有文献普遍以 0.33 作为多维贫困的临界点①。从临界点上下判断，12个指标中，贡献度最高的三个指标分别是：医疗保险、教育年限和识字程度，说明流动家庭医保覆盖率不足、受教育年限不够，识字程度不佳，这三个指标是多维贫困的重要贡献因子。受教育年限和识字程度都属于存量教育水平，分别是流动家庭成年劳动力和老年人的教育指标，这一发现意味着流动家庭中至少有一个成年人文化教育程度不足 9 年，老年人文盲率较高。贡献度最低的三个指标分别是：家庭资产、学龄儿童入学率、儿童自评健康。将指标按照所属维度加总发现，在临界点上下，医保维度、教育维度、健康维度以及生活状况维度的贡献度远远大于收入维度，收入维度贡献度最低，说明收入对多维贫困的影响较小，侧面反映了多维贫困主要受家庭非货币性福利的影响。

6.3.2　多维贫困分解测度

6.3.2.1　按流动方向分解

　　按照流动人口户籍（农业与非农业）与流入地（城镇与乡村）进行交叉划分可以得到四类流动人口：乡城流动人口、乡乡流动人口、城城流动人口与城乡流动人口。具体含义分别是：从农村流动到农村的乡乡流动家庭、从农村流动到城市的乡城流动家庭、从城镇流动到乡村的城乡流动家庭以及城镇流

---

　　①　2010 年联合国与牛津大学共同开发出多维贫困指数（multidimensional poverty index，MPI），从健康、教育、生活水平反映多维贫困，赋予各维度相同的权重（1/3），当家庭的多维贫困剥夺分值大于 1/3（0.33）时，确定该家庭陷入多维贫困。

动到城镇的城城流动家庭①。这四种流动方向家庭多维贫困指标情况如表6-5所示。

表6-5　不同流动方向家庭多维贫困指标　　　　单位:%

临界值	多维贫困发生率（H）				多维贫困指数（M₀）				指数贡献度			
	乡乡流动	乡城流动	城乡流动	城城流动	乡乡流动	乡城流动	城乡流动	城城流动	乡乡流动	乡城流动	城乡流动	城城流动
K=0.1	85.80	69.70	81.50	52.10	23.40	17.90	23.50	12.30	53.8	26.1	16.7	3.4
K=0.2	60.00	44.70	53.00	35.30	20.40	14.50	18.40	10.00	52.9	25.9	17.3	3.9
K=0.3	39.30	24.50	32.80	14.10	15.50	9.60	13.60	5.20	61.7	23.6	10.5	4.2
K=0.4	14.20	9.80	14.10	3.50	7.30	4.70	6.90	1.60	73.3	17.3	6.5	2.9
K=0.5	7.70	3.40	6.70	1.10	4.40	1.90	3.60	0.60	74.8	16.1	3.4	5.7
K=0.6	2.10	0.60	0.70	0.30	1.40	0.40	0.50	0.20	82.1	10.3	2.4	5.2
K=0.7	0.80	0.30	0.00	0.01	0.60	0.20	0.00	0.01	86.7	13.3	0	0
K=0.8	0.10	0.00	0.00	0.00	0.10	0.00	0.00	0.00	100	0	0	0

表6-5汇报了不同流动方向的多维贫困发生率 H、多维贫困指数 M_0 以及各分解项的贡献度大小。在不同临界值的调整下，各分解项按照 K 值越大，多维贫困发生率越低，多维贫困指数越小的规律变动。其中，乡乡流动人口的贫困发生率最高，在经过平均剥夺份额的调整后，乡乡流动人口的指数贡献度仍然最高。城乡流动人口和乡城流动人口多维贫困发生率稍低于乡乡流动人口，经调整后贡献度排序发生了变化，乡城流动人口贡献度稍高于城乡流动人口。城城流动人口的多维贫困指标和指数贡献度占比最低。

6.3.2.2　按流动区域管辖分解

按照流动区域是否属于户籍地管辖对家庭外出流动人口进行划分可以得到省内流动家庭及省际流动家庭。省内流动是指人口从户口所在地流动到本省管辖范围内的其他县、市，省际流动是指人口进行跨省份转移②。

表6-6测算了不同流动范围的多维贫困指标。观察发现，随着 K 值的增大，省内流动人口和省际流动人口的贫困发生率和多维贫困指数均开始下降。从指标间比较来看，省际流动家庭的多维贫困指标和指数贡献度都很高，省际

---

① 家庭多人外流且分属不同的流动方向时，只保留最主要的流动方向。

② 考虑到家庭流动人口的流动方向性，当出现既有人口在省内流动，又有人口在省外流动时，则根据最主要的方向进行判断。

流动给流动人口总贫困指数带来的增加值更大，且始终大于省内流动家庭。相比之下，省内流动家庭的贫困发生率及贫困指数都较低。

表6-6　不同流动区域管辖家庭多维贫困指标　　　单位:%

| 临界值 | 多维贫困发生率（H） | | 多维贫困指数（M_0） | | 指数贡献度 | |
	省内流动	省际流动	省内流动	省际流动	省内流动	省际流动
$K=0.1$	65.60	77.00	16.90	20.40	43	57
$K=0.2$	41.50	50.10	13.40	16.50	42.2	57.8
$K=0.3$	22.00	28.70	8.90	11.40	40.4	59.6
$K=0.4$	9.20	10.70	4.50	5.30	43	57
$K=0.5$	4.00	5.00	2.30	2.80	41.6	58.4
$K=0.6$	1.00	1.10	0.70	0.80	43.8	56.2
$K=0.7$	0.30	0.50	0.20	0.40	33.3	66.7
$K=0.8$	0.10	0.00	0.10	0.00	0	100

6.3.2.3　按流动数量分解

按照家庭成员是否全部外出进行划分，可以将流动家庭分为三类：独自流动群体、半家庭化流动群体以及全家庭化流动群体。独自流动代表家庭成员数大于1，仅有1人外出流动的情形。半家庭化流动是指家庭成员并未完全流动的情况，既包括夫妻双方共同外出，也包括夫妻双方加子女共同流动等多种类型。而全家庭化流动模式是指家庭所有成员均离开户籍地，向外流动的情况。不同流动数量家庭多维贫困指标情况如表6-7所示。

表6-7　不同流动数量家庭多维贫困指标　　　单位:%

| 临界值 | 多维贫困发生率（H） | | | 多维贫困指数（M_0） | | | 指数贡献度 | | |
	独自流动	半家庭化流动	全家庭化流动	独自流动	半家庭化流动	全家庭化流动	独自流动	半家庭化流动	全家庭化流动
$K=0.1$	74.80	82.70	41.20	19.10	23.40	9.60	60.7	30.4	8.9
$K=0.2$	46.00	56.10	29.40	14.90	19.50	8.10	58	32.1	9.9
$K=0.3$	25.00	36.00	10.00	10.00	14.80	3.50	56.8	37.1	6.1
$K=0.4$	9.90	15.20	1.50	4.80	7.70	0.70	57.6	40.1	2.3
$K=0.5$	3.90	8.40	0.40	2.20	4.70	0.20	52.8	45.7	1.5
$K=0.6$	1.00	1.80	0.00	0.70	1.20	0.00	56.2	43.8	0
$K=0.7$	0.50	0.50	0.00	0.03	0.04	0.00	66.7	33.3	0
$k=0.8$	0.00	0.01	0.00	0.00	0.01	0.00	100	0	0

观察表 6-7 可知，独自流动、半家庭化流动群体的多维贫困发生率和多维贫困指数均高于全家庭化流动群体。这说明部分流动化的家庭、独自流动家庭的多维贫困状况较之全流动家庭更加严重。通过分析贡献度大小变化可以发现，在平均剥夺份额的调整下，独自流动群体给流动人口总贫困带来的增加值最大，半家庭化流动群体次之，全家庭化流动群体的贫困发生率和指数贡献度都是最低的。

6.3.3 转移性支出对多维贫困的影响

第一阶段 Logit 回归在控制协变量情况下获取所有个体的倾向得分，能够消除内生性偏误，使实验组和控制组近似满足平行趋势。本章分别以政府补助、社会捐助和亲友帮助作为因变量，控制变量作为自变量 Logit 回归结果参见表 6-8。

表 6-8　Logit 回归结果

指标	政府补助	社会捐助	亲友捐助
家庭人均收入	−6.08[***]	−0.01[**]	1.10[**]
家庭土地资产	1.64[***]	0.46	0.27[**]
家庭住房所有权	−0.62[***]	−0.32	0.21
家庭综合人口	0.06[**]	0.01	−0.01
家庭劳动力占比	−1.15[***]	−1.76[*]	−0.07
家庭居住地区	0.32[***]	0.32	−0.01
户主年龄	−0.04[**]	−0.02	−0.03[**]
户主性别	0.26[**]	−0.01	−0.03
户主教育年限	−0.09[**]	−0.11	0.21
户主健康状况	−0.13[***]	−0.12	−0.07[***]
户主婚姻状况	−0.15	0.82	−0.15
常数项	−2.96[***]	−3.17[**]	−0.75

注：[***]、[**]、[*]分别表示在 1%、5%、10%的水平上显著。

表 6-8 显示，控制变量对家庭是否获得转移性支出（政府补助、亲友补助）有显著影响，对社会捐助的影响不大。家庭人均收入对流动家庭获得转移性支出的影响在家庭的平均收入越少，越容易获得政府补助和社会捐助，这一统计结果与预期和现实相符。拥有土地的家庭越有可能获得政府补助、社

会捐助和亲友帮助；不拥有住房所有权的家庭更可能获得政府补助和社会捐助；家庭人口越多，越有可能获得政府补助；家庭劳动力占比则呈现出相反的趋势，劳动力数量越多，流动家庭获取收入能力就越高，越不容易获得这三类外部性补助；家庭居住地表明，居住在中部和西部地区的家庭更加容易获得政府补助和社会救助；户主特征的影响特点普遍呈现一致性。户主年龄越大，流动家庭得到转移性支出的概率就越大（社会补助不显著）；户主性别仅对流动家庭获得政府补助有影响且呈现统计显著的结果；家庭户主教育年限的政府补助和社会补助系数为负，说明受教育程度越高，流动家庭获得补助的可能性越低。教育与就业呈现一定的关联度，受过高等教育的户主往往能得到报酬丰厚、有稳定保障的工作；户主的健康状况越好，流动家庭获得转移性支出（政府补助和亲友补助）的概率就越小。而户主婚姻状况则不影响流动家庭获得转移性支出的概率。

第二阶段平均效应估计分别以流动家庭多维贫困和单维贫困（收入贫困、健康贫困、教育贫困、医保贫困和生活贫困）作为因变量，政府补助、社会补助和亲友补助作为自变量评估处理效应大小。计算平均处理效应必须设定准确的多维贫困临界值，本书的研究参考联合国采用的多维贫困临界点，以 $K=0.33$ 作为平均处理效应多维贫困的衡量点。表 6-9 汇报的是采用最近邻匹配方法进行匹配的平均处理效应（ATT）结果。

表 6-9　公共转移性支出与多维（单维）贫困的 ATT 估计结果

结果变量	政府补助			社会捐助			亲友帮助		
	ATT	S. E.	t	ATT	S. E.	t	ATT	S. E.	t
多维贫困	−0.058	0.025	−2.31**	0.111	0.022	0.92	−0.008	0.019	−0.42
收入贫困	−0.062	0.016	−3.95***	0.068	0.007	1.73*	−0.009	0.013	−0.92
医保贫困	−0.043	0.009	−2.45**	−0.011	0.009	−1.11	−0.016	0.022	−0.72
健康贫困	0.049	0.012	4.43***	0.041	0.049	2.07***	0.033	0.025	1.34
教育贫困	−0.006	0.023	−1.35	0.037	0.012	2.12**	0.017	0.024	1.33
生活贫困	−0.005	0.012	−3.02***	0.184	0.013	3.49***	0.099	0.048	2.09**

注：***、**、*分别表示在1%、5%、10%的水平上显著。

表 6-9 列举了转移性支出（政府补助、社会捐助以及亲友捐助）对单维、多维贫困的平均处理效应（ATT）。观察估计结果发现：总体效应表现为公共转移性支出效果较好，其中政府性转移支出的减贫效果优于社会补助和亲友补

助，并对多维贫困以及单维的收入贫困、医保贫困和生活贫困有缓解作用，亲友补助次之。

分解效应中，主要通过观察 ATT 列来判断转移性支出是否有效降低了流动人口的多维贫困比率。政府补助能够减少流动家庭多维贫困以及单维的收入贫困、医保贫困、教育贫困和生活贫困。除对教育贫困不显著外，政府补助较为显著地降低了 5.8% 的多维贫困、6.2% 的收入贫困、4.3% 的医保贫困和0.5% 的生活贫困。而在健康贫困方面，政府补助起到了一定的推动作用，且对健康贫困的影响在 1% 的水平上显著。社会补助的作用相对政府补助而言不大明显，仅降低了 1.1% 的医保贫困，并且统计不显著。这可能是由于社会补助救助比例低所致，在所有流动家庭中，得到社会捐助的家庭仅占 0.89%。而在多维贫困以及单维的收入贫困、健康贫困、教育贫困以及生活贫困方面，社会捐助起到了正向的推动作用。亲友帮助的处理效果稍优于社会捐助，对多维贫困以及单维的收入贫困和医保贫困能够起到负向的降低作用，但这种负向作用在统计上不显著。

将流动家庭的贫困原因进行归纳后可分为三大类：第一，贫困识别机制不健全。一来虽然已经出台了多种标准共同衡量家庭的多维贫困，但最主要的识别标准仍然是以人均收入高低对家庭进行划分，其他标准名存实亡。二来基层权利没有得到有效约束，出现了虚假贫困户、贫困富裕户等现象。"置换现象"对贫困产生了正向的推动作用。转移性支出的目的是救助临时性的家庭贫困，及时解决困难让他们更好地通过自身劳动脱贫致富。然而，福利依赖心理使得救助对象养成依赖救济维持基本生活的习惯。第二，流入地与流出地社会保障与救助机制壁垒层层，将流动人口排除在外。户籍制度形成城乡二元分割，与之相匹配的教育、医疗、就业和社保等问题未能实现整合和共享。第三，部分转移性支出的覆盖范围过窄，特别是来自社会慈善机构的力量过小，未能发挥应有的救助作用。作为政府救助的有效补充，社会捐助的理想占比与实际数据相差甚远，对多维贫困几乎起不到实质性作用。

6.3.4 稳健性检验

上述分析基于主观的指标体系和权重设置，测算结果可能会出现偏差。为保证学术的严谨性，本书的研究还进行了更改权重、调整维度以及平衡性检验。

6.3.4.1 更改权重

上述测算是按照维度等权重法（各维度赋值 1/5）进行的，接下来本书将按照非等分权重法进行测算，参考联合国的三维权重设置（1/3），分别将五个维度赋值到了1/3，得到了$W_1 - W_5$的权重变化[①]。更改权重后测算的多维贫困发生率普遍低于等分权重法下的多维贫困发生率。由此说明维度等分权重法更加客观合理，不存在低估流动人口多维贫困状况的可能。更改权重前后多维贫困指数对比如表6-10所示。

表6-10　权重调整多维贫困指数对比　　　　　单位:%

K值	W_0		W_1		W_2		W_3		W_4		W_5	
	H	M_0	H	M_0	H	M_0	H	M_0	H	M_0	H	M_0
$K=0.1$	71.7	18.7	57.8	14	57.8	17.5	64.7	16.7	72.7	18.6	67.3	17
$K=0.2$	46.1	15.1	30	9.8	34.5	14	40.5	13.1	42	14	39.1	12.7
$K=0.3$	25.6	10.2	14	5.8	29	12.7	20.2	8.2	24.5	9.7	20.5	8.1
$K=0.4$	10	5	5.8	3.1	16.1	8.1	8.7	4.2	9.1	4.5	7.6	3.7
$K=0.5$	4.5	2.6	2.9	1.7	6.4	3.7	3	1.7	3.5	2	2.6	1.5
$K=0.6$	1.1	0.7	1.5	0.1	1.9	1.3	0.7	0.5	0.8	0.5	0.7	0.5
$K=0.7$	0.4	0.3	0.4	0.3	0.5	0.4	0.2	0.1	0.2	0.1	0.1	0.1
$K=0.8$	0	0	0.1	0.1	0.1	0.1	0	0	0	0	0	0

6.3.4.2　调整维度

在表6-4的维度贡献度中，不难发现家庭资产和医保维度分别是多维贫困指标体系中贡献度最小和最大的两类。因此，文章分别删除了家庭资产维度和医保维度，按照维度等分权重的方式进行了检验，结果如表6-11所示。

表6-11中，D_0列表示调整前的多维贫困状况，D_1和D_2分别表示去掉贡献度最低的家庭资产维度和去掉贡献度最大的医保维度后的多维贫困情况，两者对多维贫困的影响相反。D_1列结果显示，去掉家庭资产维度后，多维贫困发生率和多维贫困指数均上升。阿马蒂亚·森的多维贫困理论将收入贫困与多维贫困分开，联合国的MPI指标也未将收入作为多维贫困的衡量指标。实际上多维贫困更多的是指非货币化福利状况不达标情况，去掉收入维度后的多维贫困测算更符合多维贫困理论的内涵，这也说明了收入会降低其他非货币化福利状况变化给多维贫困带来的增加。D_2列结果显示，去掉医保维度后，多维贫困发

---

① $W_1 - W_5$分别表示将收入、医保、教育、健康、生活状况维度的权重设置为1/3，其他维度均为1/6。

生率和多维贫困指数均降低。医保维度贡献度最大，调整后家庭的剥夺计数得分会因为维度的减少而减小，多维贫困指数降低。

表 6-11　维度调整多维贫困指数对比　　　　　单位：%

临界值	D_0		D_1		D_2	
	H	M_0	H	M_0	H	M_0
$K=0.1$	71.7	18.7	72.3	20.4	56.9	14.4
$K=0.2$	46.1	15.1	50.6	17.9	35.7	11.2
$K=0.3$	25.6	10.2	30.4	12.9	15.5	6.3
$K=0.4$	10	5	14	7.2	5.5	2.8
$K=0.5$	4.5	2.6	6.4	3.8	1.5	1.5
$K=0.6$	1.1	0.7	2.4	1.6	1.0	0.7
$K=0.7$	0.4	0.3	0.6	0.5	0.3	0.2
$K=0.8$	0	0	0.1	0.1	0	0

6.3.4.3　平衡性检验

由于控制变量的选取具有主观性，因此需要通过观察匹配前后控制变量的分布判断倾向得分匹配方法是否能有效消除差异。表 6-12 的结果显示，匹配后 Pseudo 出现明显下降，p 拒绝差异性检验，MeanBias 偏差量均小于 20%。因此匹配后数据间不存在系统性差异，匹配后达到统计平滑。

表 6-12　平衡性检验

补助类型		Pseudo	LR 统计量	p 值	MeanBias
政府补助	匹配前	0.250	1 030.85	0.000	50.2
	匹配后	0.002	6.34	0.850	1.2
社会补助	匹配前	0.108	27.77	0.004	33.3
	匹配后	0.087	8.1	0.704	10.8
亲友补助	匹配前	0.011	34.11	0.000	7.3
	匹配后	0.003	5.04	0.929	1.1

6.4 本章小结

本章拓展了转移支付体系的整体性，基于 CFPS2016 入户调查数据，利用多维贫困 AF 测量方法刻画了流动人口多维度贫困状况，从政府-社会-居民间的多层次系统检验了公共转移性支出对流动人口多维贫困的影响。分析结果显示：第一，流动人口在收入、医保、健康、教育、生活状况 5 个维度具有长期多维贫困，2016 年流动人口家庭的多维贫困比非流动人口家庭严重，约 50%的流动人口家庭都存在多维贫困；医保维度、教育维度上的福利变化更能影响家庭的多维贫困。第二，不同流动方向下，乡乡流动群体和乡城流动群体的多维贫困状况相对较为严重；不同流动区域管辖下，省际流动群体的多维贫困状况更加严重；不同流动数量下，独自流动群体和半家庭化流动群体的多维贫困不容忽视。第三，从政府-社会-居民转移性支出系统来看，政府补助对流动人口家庭的多维贫困起到负向降低作用，并且对单维的收入贫困、医保贫困和生活贫困有降低作用，居民间救助次之，而社会救助最弱。

本章的研究结果对于建立更加完善的公共财政体具有重要的实践意义。本章具体政策建议如下：①健全扶贫相关制度。准确识别贫困群体是保证救助资金发挥减贫作用的核心与关键。政府不仅需要及时更新年度贫困线，建立健全多维贫困体系，更要加强监督与管理的力度，提高资金瞄准的准确度，防止扶贫资金被滥用。②健全转移支付相关制度。可以考虑设定多方面的公共转移支付受益，实物或现金形式转移支付的作用在于兜底性保障困难群体的生活权益。从本质上来看，转移支付更希望达到提高贫困家庭人力资本水平的目标。得到救助的家庭往往会将救助资金用于改善短期的生活窘迫，所以受益条件可以从教育、健康、就业等多方面来设置，增强公共转移支付的长期减贫能力。③推动户籍制度改革。已有不少城市实现了居民户口统一登记制度，打破了乡城流动人口与城市居民间的屏障，但是与户籍制度相匹配的教育、医疗、就业和社保等问题未能实现整合和共享。政府可以考虑提高流入地与流出地对流动人口救助的一体化程度，扩大保障体系的覆盖面，形成一体化保障系统，实现城乡社会保障等信息的衔接，为符合救助条件的流动人口打开方便之门。④调整中央财政支持力度、加强地方民生财政建设。流动人口的贫困特征表现为其在城镇得不到合理的社会保障，深层贫困原因在于流出地与流入地的经济发展不平衡。在解决这个问题时，不仅要及表也要及里，也就是说需要从流入端与流出端着手。政府不仅需要扩大流入地的公共服务量以解决流动人口涌入对流入地城市的公共服务造成的挤压扩大问题，而且要加大对贫困地区的定向转移支付力度，加强流出地的社会保障建设。⑤发挥第三方救助作用。诚然，政府救助是最好的减贫办法，但扶贫资金的运用以及审批存在一定的滞后性。而私人捐助可以很好地规避这一问题，作为政府补助的补充，社会捐助和亲友帮助分别从市场和人文的角度出发，能够给予困难群体物质关怀和人文关怀。

7 流动人口税负归宿与
   收入再分配效应分析

7.1 引言

面对愈演愈烈的收入两极化趋势，党的十九大报告指出，应从完善要素分配制度和发挥好政府收入调节作用两方面入手，促进收入分配更加公平。税收作为政府重要的财政手段之一，给个人带来的经济负担以及产生的收入再分配效应是完善税制所需考虑的重要因素。理论上讲，扣除费用、累进税率、征收模式等制度设计使得个人所得税对收入分配具有正向调节功能；由于个人边际消费倾向递减，高收入者承担的税负更低，因此普遍课征的增值税具有明显的累退性；以消费税为代表的选择性商品税，在适当的征税范围内和税率下可以对收入分配进行正向调节。当前，中国流动人口表现出以下特征：一是流动人口总量较大，未来仍有继续发展的趋势。由于中国城镇化趋势、城乡人口转移的根本驱动力未发生改变，在未来一段时间内，人口流动仍是中国经济社会发展中的重要现象。二是外出就业流动人口占比较高，人口流动家庭化趋势明显。三是流动人口收入水平偏低，消费支出占比较高。流动人口恩格尔系数远高于全国城镇居民家庭的恩格尔系数，生活水平和质量低于流入地城镇居民家庭。因此，流动人口收入分配问题需要被高度重视，当前税制对流动人口产生的税收负担，以及表现出的收入再分配效应有较强的研究价值。

因此，本章基于中国家庭金融（china household finance surrey，CHFS）2017 年调查数据，使用微观模拟法测算了 2016 年流动人口实际承担的所得税和间接税负担，并使用平均税率、边际税率、MT 指数、K 指数和泰尔指数等收入再分配效应指标测算和比较了税收对流动人口的收入再分配效应。本书研究可能的创新点在于：①从全新的流动人口视角出发展开研究；②将要素收入计算与企业所得税税收微观模拟相结合，优化了微观模拟法的使用；③使用多种指标，研究了多种税收收入再分配效应相互作用下产生的影响，提高结论的说服力。

7.2 文献综述

7.2.1 税负归宿相关文献综述

均衡分析法是税负归宿研究领域具有代表性的研究方法，包括局部均衡分析、一般均衡分析及其拓展。局部均衡分析基于马歇尔创建的以均衡价格为核心的经济体系，基本结论是：在单一市场下，商品税的税负归宿由生产者和消费者的弹性决定，政府征税产生的税收负担将向着弹性较小的一方转嫁。由于局部均衡分析法适用于分析单一市场下税负在生产者和消费者之间的分布，其测算结果粗略，无法推广到更为复杂的市场环境，也不便用于所得税的税负归宿测算。Harberger[1] 提出了测算企业所得税税负归宿的一般均衡模型，他将经济划分为企业和非企业两部门，每个部门均包含资本和劳动这两个要素。研究发现，短期内，企业所得税全部由企业部门的资本承担，在长期，由于要素是完全流动的，要素由未征税部门向征税部门流动，最终使得企业所得税由所有资本要素共同承担。

在 Harberger 的理论基础上，后续学者从横向和纵向两方面对一般均衡模型进行了拓展。横向上，Randolph[2] 将一般均衡模型推广到两个国家、五个部门、三种生产要素（资本、劳动、土地），并最终得出和封闭经济下相同的结论，而税收负担在生产要素之间的最终分配结果取决于模型设定的参数。纵向上，Davies 等[3] 使用生命周期模型对终生税负归宿进行计算，发现在考虑时间因素的情况下，终生税负归宿将导致家庭实际承担的税率轻微上升。

---

① HARBERGER A C. The incidence of the corporation income tax [J]. Journal of Political Economy, 1962, 70 (3): 215-240.

② RANDOLPH W C. International burdens of the corporate income tax [Z]. Congressional Budget Office Washington Working Paper, 2006.

③ DAVIES J, ST-HILAIRE F, WHALLEY J. Some calculations of lifetime tax incidence [J]. The American Economic Review, 1984, 74 (4): 633-649.

均衡分析法在不同国家具体税种的税负归宿研究中得到了广泛应用。Source[1] 基于调整后的一般均衡模型，对印度企业所得税税负归宿进行测算后发现，印度的企业所得税由消费者、劳动以及资本三方共同承担。Karp 和 Perloff[2]构建推测变量模型，测算日本电视行业的税负归宿，并得出结论：以日本电视行业为例，处于垄断和寡头竞争市场下的行业对应的消费者承担的税负可能超过 100%。在针对中国的研究中，卢洪友和李洁[3]使用局部均衡法，利用 2000 年截面数据和 1996—2000 年的时间序列数据，对中国商品税税负归宿进行测算，并得出结论：食糖和卷烟的消费税税收负担主要由生产者承担，而白酒消费税税收负担中有 45%转移给了消费者。张阳[4]通过剔除无关税种的影响、引入产品替代弹性等方式对一般均衡模型进行优化。宋春平[5]将实际收入因素引入一般均衡分析中，并考虑两部门同时征税的情形。田志伟[6]进一步明确了税负归宿定义的范围，提出不同经济主体承担的税负比例之和可能大于100%的观点，并运用一般均衡模型弥补 Harberger 模型的缺陷，以实证结果佐证观点。

在测算最终归宿者具体承担的税收负担的研究中，微观模拟法是常用的研究方法。其基本原理是假设税负转嫁的方向和程度固定，将宏观税收数据分摊到微观个人，计算个人实际承担的税收负担。这一研究方法简洁明了，适用于各种税种，常应用于测算税收收入再分配效应的前置数据处理。Musgrave 和 Thin[7] 在不同的税负转嫁假设下，将 1948 年美国企业所得税、个人所得税、消费税、遗产赠与税和工薪税分摊至个人，计算不同收入分组下的个人承担的税收负担。Feldstein[8] 基于个人纳税申报表所提供的原始数据，研究 1986 年税

① SOURCE P S. The incidence of the corporation tax in India：A general equilibrium analysis ［J］. Oxford Economic Papers-NEW SERIES, 1978, 30（1）：64-73.

② KARP L S, PERLOFF J M. Estimating market structure and tax incidence：The japanese television market ［J］. The Journal of Industrial Economics, 1989, 37（3）：225-239.

③ 卢洪友, 李洁. 商品税税负归宿局部均衡实证分析 ［J］. 财贸研究, 2005（4）：67-73.

④ 张阳. 中国企业所得税税负归宿的一般均衡分析 ［J］. 数量经济技术经济研究, 2008（4）：131-141.

⑤ 宋春平. 中国企业所得税总税负归宿的一般均衡分析 ［J］. 数量经济技术经济, 2011, 28（2）：89-98, 161.

⑥ 田志伟. 企业所得税税负归宿与收入分配 ［J］. 财经论丛, 2018（7）：27-36.

⑦ MUSGRAVE R A, THIN T. Income tax progression ［J］. Journal of Political Economy, 1948, 56（6）：498-514.

⑧ FELDSTEIN M. Imputing corporate tax liabilities to individual taxpayers ［J］. National Tax Journal, 1988, 41（1）：37-59.

改对企业所得税税负归宿的影响。Dwenger 等①基于 1998 年至 2006 年德国行业区域面板数据，在微观模拟法的基础上，使用平均税率衡量工人承担的企业所得税税收负担，并考虑就业因素对结果的影响。聂海峰和刘怡②使用投入产出模型模拟间接税在不同部门之间的流动，粗略估算间接税在不同收入群体之间的分布状况。毕超③使用投入产出表，基于 2007 年的数据，区别不同税种转嫁特性差异，计算最终需求上的税收负担。杨森平和刘树鑫④在研究中直接使用报告税收数据作为各行业的实际税收收入，通过微观模拟测算了 2001 年至 2015 年居民实际承担的税收负担。岳希明等⑤在测算中国居民个人实际承担的税负时，对个人所得税和企业所得税均使用了微观模拟法。张楠和邹甘娜⑥在测算个人所得税累进性的数据前置处理中，使用微观模拟法计算了居民实际承担的个人所得税负担。

7.2.2　收入再分配效应相关文献综述

税收收入再分配效应研究领域，学者们创造了多种定性定量分析指标用于实证分析。平均税率法和边际税率法是常用的定性分析指标，Slitor⑦使用边际税率衡量个人所得税的累进性。他认为，边际税率与平均税率的差值反映了税制的累进性，当差值大于 0 时，税制具有累进性，等于 0 时为比例税率，较为中性，小于 0 时将扩大收入差距，这种方法可以推广到其他税种。Piketty 和Saez⑧基于微观纳税申报数据，按收入高低划分不同组别，分别计算平均税率、收入和税负占比，研究了 1960 年以来美国税制的累进性趋势，并将研究

①　DWENGER N, RATTENHUBER P, STEINER V. Sharing the burden? empirical evidence on corporate tax incidence [J]. German Economic Review, 2017, 20 (4): e107-e140.

②　聂海峰, 刘怡. 城镇居民的间接税负担: 基于投入产出表的估算 [J]. 经济研究, 2010, 45 (7): 31-42.

③　毕超. 中国最终需求的税收负担结构研究: 基于 2007 年投入产出模型的测算 [J]. 经济研究参考, 2015 (5): 59-63.

④　杨森平, 刘树鑫. 间接税对中国城乡居民收入的调节: "正向" 还是 "逆向"? [J]. 财政研究, 2019 (1): 116-129.

⑤　岳希明, 张斌, 徐静. 中国税制的收入分配效应测度 [J]. 中国社会科学, 2014 (6): 96-117, 208.

⑥　张楠, 邹甘娜. 个人所得税的累进性与再分配效应测算: 基于微观数据的分析 [J]. 税务研究, 2018 (1): 53-58.

⑦　SLITOR R E. The measurement of progressivity and built-in flexibility [J]. The Quarterly Journal of Economics. 1948, 62 (2): 309-313.

⑧　PIKETTY T, SAEZ E. How progressive is the U. S. federal tax system: A historical and international perspective [J]. Journal of Economic Perspectives, 2007, 21 (1): 3-24.

重点放在了收入最高的群体上，对收入前1%的群体进一步细分，研究具体税种的收入再分配效应。

定量测算指标种类多样，大致可分为两类：第一类通过比较税前税后收入不平等指标测算结果，分析税收对收入分配差距的调节方向和税收的性质。常用的收入不平等衡量指标包括基尼系数、泰尔指数、阿特金森指数等，税前税后基尼系数之差为MT指数。Kaplanoglou和Newbery①通过比较不同税制下的基尼系数、泰尔指数和阿特金森指数，研究2002年希腊的间接税制度改革对收入分配差距的影响，发现税改后的间接税对低收入者更为不利。王德祥和赵婷②运用广义熵指数（MID）测算了以增值税、消费税、营业税为代表的间接税的收入再分配效应，探讨了间接税对中国城乡内部、城乡之间收入分配格局的影响，研究发现，税率设计不合理是造成间接税具有较强累退性的主要原因。杨森平和刘树鑫③使用泰尔指数测算2001—2015年中国间接税的收入再分配效应，并通过OSL回归得出中国间接税对城乡收入分配差距具有较强逆向调节作用是城乡收入差距拉大的主要原因的结论。

第二类是通过税收集中指数反应税收收入再分配效应。Suits④根据基尼系数的原理，替换洛伦兹曲线横纵坐标轴，构建测算税收累进性的指数S，即Suits指数。Suits指数取值介于-1和1之间，大于0时表示税收累进。Kakwani⑤采用同样的原理定义税收集中指数（C），并将其和税前基尼系数进行比较，作为衡量税收累进性的有效指标——K指数。通过拆分K指数，计算不同税种对整体税制累进性贡献度。随后他使用上述指数进行实证分析，从横向和纵向比较了澳大利亚、加拿大、英国和美国四国税收的累进性，得出税收的收入再分配效应不仅取决于该税种的累进性，还受平均税率影响的结论。万莹⑥基于三项不同的假设（一是企业所得税由全部社会资本承担，二是企业所

① KAKWANI N C. Measurement of tax progressivity：An international comparison［J］. The Economic Journal, 1976, 87（345）：71–80.

② 王德祥, 赵婷. 中国间接税对城乡居民收入分配的效应分析［J］. 审计与经济研究, 2016, 31（2）：100–110.

③ 杨森平, 刘树鑫. 间接税对中国城乡居民收入的调节："正向"还是"逆向"？［J］. 财政研究, 2019（1）：116–129.

④ SUITS D B. Measurement of tax progressivity［J］. The American Economic Review, 1977, 67（4）：747–752.

⑤ KAKWANI N C. Measurement of tax progressivity：An international comparison［J］. The Economic Journal, 1976, 87（345）：71–80.

⑥ 万莹. 中国企业所得税收入分配效应的实证分析［J］. 中央财经大学学报, 2013（6）：18–22.

得税仅由企业资本承担，三是两者兼有），利用 Suits 指数测算了企业所得税的累进性，发现在不同假设下企业所得税呈现出不同性质的收入再分配效应。由于资本要素大部分被高收入者持有，总体来看企业所得税是累进的。

在多种指标综合应用方面，Higgins 等①运用微观模拟法测算了美国和巴西两个国家个人承担的直接税和间接税负担，进而使用基尼系数、K 指数、税收集中指数反映两个国家税收的收入再分配效应，他们得到了如下结论：直接税在美国表现出比在巴西更强的累进性，而间接税对美国收入不平等的逆向调节作用比对巴西更强。聂海峰和岳希明②利用投入产出模型计算不同部门的有效税率，分析间接税的分布情况，进而通过计算基尼系数、Suits 指数以及广义熵指数测算间接税的收入再分配效应。研究发现，中国间接税整体累退，且对农村居民的累退性更强。张楠和邹甘娜③使用 MT 指数、K 指数等指标，从居民个人收入和家庭收入两个层面测算了个人所得税的收入再分配效应，并得出中国个人所得税虽然累进，但收入再分配效应较差的结论。岳希明等④利用 CHIP2007 数据和现金流量表，分城乡测度中国整体税制的收入再分配效应，基于微观模拟法对原始数据的处理，使用 MT 指数和 K 指数测算累进性，并得出结论：在增值税等普遍课征的间接税较强的累退性和个人所得税及消费税较弱的累进性作用下，中国税收总体累退。

7.3　方法及数据说明

7.3.1　税负转嫁基本假设

微观模拟法的基本原理是事先选定一种或多种税负转嫁假设，在此基础上模拟税负转嫁的过程将税收收入分摊到个人。这种方法的关键是确定适用的税负转嫁假设。根据现有税负归宿研究结论并参考其他学者研究，本章的研究做

---

① HIGGINS S, LUSTIG N, RUBLE W. Comparing the incidence of taxes and social spending in Brazil and the United States [J]. Review of Income and Wealth, 2016, 62 (1): 22-46.

② 聂海峰，岳希明. 间接税归宿对城乡居民收入分配影响研究 [J]. 经济学（季刊），2013，12 (1): 287-312.

③ 张楠，邹甘娜. 个人所得税的累进性与再分配效应测算：基于微观数据的分析 [J]. 税务研究，2018 (1): 53-58.

④ 岳希明，张斌，徐静. 中国税制的收入分配效应测度 [J]. 中国社会科学，2014 (6): 96-117, 208.

出如下假设：

假设所有税收负担最终都将落到自然人身上，这一假设是进行微观模拟的前提；假设个人所得税全部由取得所得的个人承担，无法进行转嫁；假设间接税全部实现"前转"，最终由购买商品和服务的消费者个人承担；假设企业所得税在资本要素和劳动要素之间按照一定比例分摊。

关于企业所得税税负归宿的研究大多依托一般均衡模型及其拓展。Harberger[1] 和 Auerbach[2] 认为，从长期来看，企业所得税最终由资本承担。国内具有代表性的研究观点包括：①田志伟[3]认为，中国的企业所得税 116% 由资本承担，-13.44% 由劳动承担；②王德祥[4]认为，短期来看，劳动承担 2/3，长期来看，劳动承担 1/2 的企业所得税；③张阳[5]认为资本承担了 83% 的企业所得税，劳动承担了 17% 的企业所得税；④赵云辉[6]认为，资本承担了 77% 的企业所得税，劳动承担了 23% 的企业所得税。本章综合考虑上述学者的研究成果，对企业所得税税负转嫁模式做出三种假设：

假设①：资本完全流动，企业所得税全部由资本所有者承担。

假设②：75% 的企业所得税由资本要素所有者承担，25% 由劳动者承担。

假设③：50% 的企业所得税由资本要素所有者承担，50% 由劳动者承担。

本章以假设②作为主要的研究假设，将较为极端的假设①、假设③用于稳健性检验中。

7.3.2 收入再分配效应指标

7.3.2.1 平均税率

平均税率反映同一收入水平的整体税负情况。本章将识别出的流动人口按收入十等分，计算每一组的平均税率。计算公式如下：

---

① HARBERGER A C. The incidence of the corporation income tax [J]. Journal of Political Economy, 1962, 70 (3): 215-240.

② AUERBACH A J. Who bears the corporate tax? A review of what we know [J]. Tax Policy and the Economy, 2006, 20: 1-40.

③ 田志伟. 企业所得税税负归宿与收入分配 [J]. 财经论丛, 2018 (7): 27-36.

④ 王德祥, 赵婷. 中国间接税对城乡居民收入分配的效应分析 [J]. 审计与经济研究, 2016, 31 (2): 100-110.

⑤ 张阳. 中国企业所得税税负归宿的一般均衡分析 [J]. 数量经济技术经济研究, 2008 (4): 131-141.

⑥ 赵云辉, 王鹏飞. 中国企业所得税税负归宿两部门一般均衡分析 [J]. 经济经纬, 2015, 32 (4): 149-154.

$$t(x) = \frac{\sum_{k=1}^{n} T(x)}{x} \quad\quad\quad (7.1)$$

$T(x)$ 表示组内第 k 个人实际承担的税额，x 表示个人税前总收入。若平均税率 $t(x)$ 随收入同向变化，说明该税种具有累进性；若保持不变，则该税种呈中性；若随收入反向变化，说明该税种具有累退性。

7.3.2.2 边际税率

边际税率和平均税率判定累进性的原理类似，能更加直观地反映平均税率随收入变化的方向，常和平均税率结合使用描述税收累进性特征。根据 Slitor[①] 提出的测算方法，累进性判断标准 r 值可表示为

$$r = \frac{dt(x)}{dx} = \frac{m(x) - t(x)}{x} \quad\quad\quad (7.2)$$

公式中的 $m(x)$ 为该收入水平下的边际税率，计算公式为

$$m(x) = \frac{dT(x)}{dx} \qu\quad\quad\quad (7.3)$$

由累进性理论可知，当 $r = 0$ 时，平均税率随着收入的上升保持不变，此时的税收是中性的；当 $r > 0$ 时，平均税率与收入同方向变动，此时的税收是累进的；当 $r < 0$ 时，平均税率随收入逆向变动，此时的税收是累退的。

7.3.2.3 MT 指数

定量测算收入再分配效应的基本思路之一是比较税收对同一收入不平等指标的影响。MT 指数的基本原理是通过比较税前税后基尼系数反映税收对收入分配差距的调节作用。计算公式为

$$\mathrm{MT} = G - G^* \quad\quad\quad (7.4)$$

G 表示税前基尼系数，G^* 表示税后基尼系数。当 MT 指数为正时，税收对收入分配差距具有正向调节作用，此时的税收是累进的，且绝对值越大，累进性越强。

7.3.2.4 K 指数

K 指数（P）反映了税收集中指数和基尼系数的关系，计算公式为

$$P = C - G \quad\quad\quad (7.5)$$

C 是税收集中指数，G 对应税收的税前基尼系数。税收集中指数与基尼系数的计算原理相同：构建函数 $F_1[T(x)]$ 表示收入小于或等于 x 的单位所承担的税额比例，$F(x)$ 表示收入的概率分布函数，税收集中指数反映 $F_1[T(x)]$ 与

---

① SLITOR R E. The measurement of progressivity and built-in flexibility [J]. The Quarterly Journal of Economics, 1948, 62 (2): 309-313.

$F(x)$ 的关系。$F_1[T(x)]$ 与 $F(x)$ 之间的关系取决于税收弹性的大小。当 K 指数为 0 时，税收弹性为 1，税收呈中性；当 K 指数大于 0 时，税收弹性大于 1，税收具有累进性。

7.3.2.5 泰尔指数

上述累进性指标常用于测算税收对群体内部的收入再分配效应，难以直观反映税收对两类特征群体之间收入分配的调节作用。为了达到测算税收对流动人口与非流动人口之间收入分配差距调节作用的目的，本章选择泰尔指数进行有针对性的研究。

根据后来学者对泰尔公式的变形使用，原始公式中用于分类的"地区"，可以被替换为其他能够明确区分的特征指标，且总体群体被划分为两部门时，泰尔指数可以很好地衡量两部门之间的不平等程度。基于此，本章以税前税后泰尔指数来衡量税收对流动人口与非流动人口之间收入分配的影响。

假设整个社会由流动人口和非流动人口两部门组成，两部门内部不存在收入分配差距。

令社会总人口数为 N，流动人口数量为 N_1，非流动人口数量为 $N_2 = N - N_1$，流动人口比率为 $P_1 = N_1/N$，非流动人口比率为 $P_2 = 1 - P_1$。令税前流动人口总收入为 I_1，税前非流动人口总收入为 I_2，则社会总收入 $I = I_1 + I_2$。税前泰尔指数可表示为

$$T = \frac{I_1}{I} \times \ln \frac{I_1}{IP_1} + \frac{I_2}{I} \times \ln \frac{I_2}{I}/(1 - P_1) \tag{7.6}$$

同理，令税后流动人口总收入为 I'_1，税后非流动人口总收入为 I'_2，税后社会总收入为 I'。税后泰尔指数可表示为

$$T' = \frac{I'_1}{I'} \times \ln \frac{I'_1}{I'P_1} + \frac{I'_2}{I'} \times \ln \frac{I'_2}{I'}/(1 - P_1) \tag{7.7}$$

税前税后泰尔指数的变化可表示为

$$\Delta T = T' - T \tag{7.8}$$

若 ΔT 大于 0，说明税后两部门之间收入差距扩大，税收具有逆向调节的作用，若 ΔT 小于 0，说明税收具有缩小收入分配差距的作用。

7.3.3 数据说明

7.3.3.1 数据来源

本章选择相匹配的微观数据和宏观数据进行研究。微观数据来自中国家庭金融调查（CHFS）2017 年的数据，该数据库样本覆盖全国 29 个省（自治区、

直辖市），共 40 011 户；样本城乡、性别分布均匀，年龄结构和收入结构合理，提供了较为完整的个人工薪类收入、家庭资本类收入、家庭各类消费支出的数据，并包含多个区分流动人口和非流动人口的特征指标。宏观数据主要包括具体税种税收收入、行业增加值、国民收入等，数据来自《中国统计年鉴》《中国税务统计年鉴》和《中国工业统计年鉴》。

7.3.3.2 数据处理

本章使用微观模拟法计算流动人口实际税收负担，并计算税收的收入再分配效应。

个人所得税负担计算。第一步，根据原始数据汇总计算税后收入。根据2016 年个人所得税法律规定及中国家庭金融调查 2017 年提供的原始数据，个人所得税负担主要源于四类所得，分别为工资薪金所得、经营所得、财产租赁所得和股息利息红利所得。税后工资薪金所得由工资、奖金、补贴三部分组成。税后经营所得涉及个体工商户、个人独资企业和合伙企业项目收入。税后利息类收入主要包括公司投资、公司债券及其他借款利息收入三部分。

第二步，根据计税公式倒算税前收入。以工资薪金为例，税前工资薪金总额可以表示为：（税后工资薪金收入−3 500×税率−速算扣除数）／（1−税率）。

第三步，使用倒算计算出的税前收入数据计算个人所得税税额。例如，全年工资薪金类个人所得税＝［（税前工资薪金收入−3 500）×税率−速算扣除数］×12。

企业所得税负担计算。根据前述税负转嫁基本假设，企业所得税税收负担源于资本要素所得和劳动要素所得两部分。计算的基本思路为：首先计算每单位要素收入承担的企业所得税税额，再根据个人收入结构计算实际企业所得税负担，即个人承担的企业所得税税额为个人资本要素所得乘以单位资本要素承担的企业所得税税额加上个人劳动要素所得乘以单位劳动要素收入承担的企业所得税税额。单位要素收入承担的企业所得税税额通过式（7.9）计算得出，其中要素收入承担的企业所得税比例分别对应三种不同的税负转嫁假设。

$$单位要素收入承担的企业所得税 = \frac{全年企业所得税税额 \times 要素承担的比例}{税后要素分配额}$$

$$(7.9)$$

根据吕冰洋、郭庆旺[①]对要素收入分配测算所作的论述，国民收入在企业、个人、政府三部门之间分配。税后资本要素分配额为国民总收入扣除生产

---

① 吕冰洋，郭庆旺. 中国要素收入分配的测算［J］. 经济研究，2012，47（10）：27-40.

税净额、劳动者报酬和资本所得税后的余额。税后劳动要素分配额为扣除劳动所得税、社保缴款净额后的劳动者报酬余额。

由于个人所得税征税对象按性质可分为劳动和资本两类，在计算劳动和资本所得税时，需要对个人所得税进行拆分。其中工资薪金所得、稿酬所得、劳务报酬所得、特许权使用费所得、个体工商户生产经营所得部分的个人所得税归入"劳动所得税"部分，剩余部分归入"资本所得税"部分。此外，为了保持前后假设的一致性，企业所得税也相应拆分为劳动负担部分和资本负担部分，分别归入劳动所得税和资本所得税。

间接税税负计算。本章选择增值税、消费税、营业税[①]、城市维护建设税为代表测算间接税税收负担。基于两方面的原因：一方面，由增值税、消费税、营业税和城建税构成的间接税占全国税收总额的47.51%，具有较强的代表性；另一方面，选取的所得税和间接税与流动人口的收入支出相关度较高。微观模拟法具体分为五步：

第一步，按照《中国统计年鉴》的标准将消费行为分为8类，分别为：食品类、衣着类、居住类、家庭设备用品及服务类、医疗保健类、交通通信类、教育娱乐文化服务类、其他类。

第二步，根据《国民经济行业分类标准》，将可获得增加值及间接税数据的行业按照上述消费分类归类，并剔除了部分与居民消费不相关和涉及多个支出类别但缺乏科学合理分摊标准的行业，具体分类见表7-1。

表7-1　行业消费分类

食品类	农林牧渔业，农副食品加工业，食品制造业，酒、饮料和精制茶制造业，烟草制品业，餐饮业，农林牧渔产品批发，食品、饮料及烟草制品批发，食品、饮料及烟草制品专门零售
衣着类	纺织服装、服饰业，皮革、毛皮、羽毛及其制品和制鞋业，服装批发，服装零售
居住类	电力、热力、燃气及水生产和供应业，煤炭开采和洗选业，石油和天然气开采业，黑色金属选矿业，黑色金属冶炼和压延加工业，非金属矿采选业，其他采矿业，房屋建筑业，住宿业，房地产业，矿产品、建材及化工产品批发

---

① 本书为笔者2018年度国家社科基金青年项目的结项成果，数据略显陈旧，仍保有营业税等数据，但笔者认为数据陈旧对流动人口多维贫困治理的研究结论不构成实质性影响，本书的出版仍具有学术价值和政策启发意义。

表7-1（续）

家庭设备用品及服务类	居民服务、修理和其他服务业，纺织业，化学纤维制造业，木材加工和木、竹、藤、棕、草制品业，家具制造业，橡胶和塑料制品业，建筑安装业，建筑装饰和其他建筑业，电气机械和器材制造业，纺织及家庭用品批发，纺织及日用品专门零售，日用家电设备零售，五金、家具及室内装饰材料专门零售
医疗保健类	医药制造业，医药及医疗器材批发，医药及医疗器材专门零售
交通通信类	汽车制造业，计算机、通信和其他电子设备制造业，交通运输、仓储和邮政业，铁路、船舶、航空航天和其他运输设备制造业，土木工程建筑业，信息传输、软件和信息技术服务业，汽车批发，计算机、软件及辅助设备批发，汽车、摩托车、燃料及零配件专门零售，计算机、软件及辅助设备零售，通信设备零售
教育娱乐文化服务类	教育，文化、体育和娱乐业，造纸和纸制品业，印刷和记录媒介复制业，文教、工美、体育和娱乐用品制造业，文化、体育用品及器材批发，文化、体育用品及器材专门零售
其他类	金融业、贸易经纪与代理

第三步，计算各行业增加值和对应的间接税税额。对于部分增加值数据包括多种归属于不同消费类别的行业数据，本章以主营业务收入为标准将增加值在各行业之间分摊，以制造业中的"酒、饮料和精制茶制造业"为例，酒、饮料和精制茶制造业增加值可以表示为：酒、饮料和精制茶制造业主营业务收入/制造业主营业务收入×制造业增加值。对于批发业零售业的合计间接税数据，本章选择行业增加值为分摊标准计算各类别批发零售行业对应的间接税税额。以批发业中的"食品、饮料及烟草制品批发业"为例，食品、饮料及烟草制品批发增值税可以表示为：食品、饮料及烟草制品批发增加值/批发业增加值×批发业增值税。

第四步，计算各类消费对应的实际间接税税率。计算公式为

$$各类消费实际间接税率 = (\sum 行业对应间接税税额)/(\sum 行业增加值)$$

(7.10)

第五步，计算个人承担的间接税负担总额。计算公式如下：

$$个人间接税负担 = \sum 个人各类消费 \times 各类消费实际间接税税率$$

(7.11)

根据2016年数据计算出的各类消费行为对应的实际间接税税率如表7-2所示。

表 7-2　各类消费实际间接税税率　　　　　　　单位:%

消费类别	增值税	消费税	营业税	城建税	间接税合计
食品类	2.42	3.92	0.15	0.42	6.90
衣着类	9.36	0.38	0.08	0.56	10.38
居住类	6.69	0.46	2.99	0.61	10.76
家庭设备用品及服务类	8.30	0.15	4.00	0.78	13.23
医疗保健类	7.77	0.50	0.05	0.47	8.79
交通通信类	6.01	0.93	0.57	0.42	7.94
教育娱乐文化服务类	2.16	0.09	0.15	0.15	2.54
其他类	3.75	0.03	3.92	0.52	8.22

7.4　实证结果

7.4.1　税收负担计算结果及定性分析

流动人口的总体税收负担主要由间接税和所得税构成,有效税率平均值为11.13%,最大值为99.78%,样本内90%的流动人口有效税率低于20.31%。由增值税、消费税、营业税、城市维护建设税组成的间接税是流动人口税收负担的主要来源,有效税率均值为8.53%,最大值为99.78%。

图7-1反映了在样本收入十等分的前提下,平均有效税率和边际税率的变化情况。从图中可获得以下信息:

第一,所得税和间接税的总体有效税率随着收入的增长逐渐下降,说明总体税收对流动人口群体的作用是累退的。

第二,平均有效税率的下降趋势在收入等级1~4级较为明显,在4~10级变化幅度不大,在收入最高的20%样本中略有回升,说明总体税收在低收入群体中累退性较强,在中高收入群体中呈现出中性的特征。这一变化趋势形成的原因之一是低收入群体中消费支出占总收入比重高,与消费支出水平相关的间接税有效税率对总体有效税率贡献较大,随着收入增加,消费支出占比下降趋势明显(见图7-2),导致总体有效税率出现大幅下降。

第三,反映总体税收累进性的 r 值在大多数收入等级中小于0,与平均税率判断累进性的结果一致。并且随着收入增加, r 值的绝对值逐渐变小,趋近于 0，说明总体税收的累退作用不断减弱，最终趋近于比例税率。

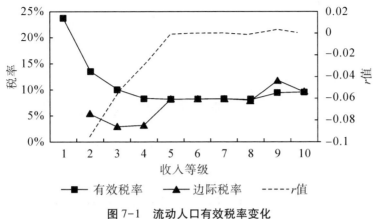

图 7-1　流动人口有效税率变化

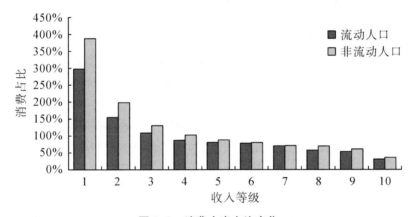

图 7-2　消费支出占比变化

注：在收入等级 1~4 级中，消费性支出超过当年可支配收入，说明这些样本的当年收入并不能完全负担其消费支出，超过部分将由往年储蓄和未来收入（借款）负担，根据岳希明等（2014）的结论，这一情况是由收入短期波动造成的。

进一步对比流动人口与非流动人口的有效税率变化情况。从图 7-3 可以发现，流动人口与非流动人口的平均有效税率变化趋势大致相同，说明总体税收对不同群体均具有累退性。相较流动人口而言，非流动人口平均税率随收入增长而下降的趋势更为明显，说明总体税收对非流动人口累退性更强。

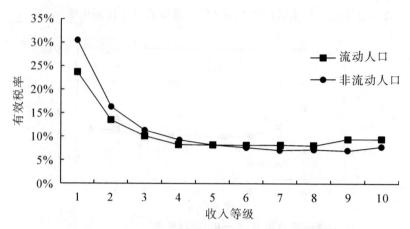

图7-3　流动人口与非流动人口总体税收有效税率变化

再看具体税种的有效税率及变化趋势。表7-3分别反映了在流动人口群体中，个人所得税、企业所得税、增值税、消费税、营业税、城市维护建设税的有效税率随收入增加的变化情况。从表中可以看出：

第一，在收入等级1~8级中，以增值税、消费税为代表的间接税是流动人口税收负担的主要来源，而在收入等级9~10级中，所得税负担超过间接税负担，成为个人税收负担的主要来源。

第二，增值税、消费税、营业税、城市维护建设税的有效税率均随着收入的增加不断下降，呈现出累退的特征，其中收入最高等级和最低等级的增值税有效税率差距超过10%，表现出较强的累退性；个人所得税有效税率随着收入的增加逐步上升，具有一定的累进性；企业所得税有效税率随着收入增加上下波动，累进性表现并不明显。

第三，综合来看，具有较强累退性的增值税和消费税的有效税率在收入等级1~4级下降趋势明显，个人所得税有效税率的上升幅度不大，导致总体有效税率出现较大幅度下降。在收入较高的7~10级中，情况发生了逆转，个人所得税有效税率的上升趋势明显，间接税变化幅度不大，个人所得税的累进性抵消了间接税大部分甚至全部的累退性，因而总体税率呈现出平稳甚至略微回升的特征（见图7-1）。

表 7-3　分税种有效税率变化　　　　　　　　　　单位:%

收入等级	个人所得税	企业所得税	增值税	消费税	营业税	城市维护建设税
1	0.04	1.31	13.19	6.03	2.19	1.32
2	0.03	1.54	7.05	2.99	1.38	0.70
3	0.19	1.57	4.90	2.19	0.85	0.49
4	0.35	1.49	3.74	1.78	0.64	0.38
5	0.55	1.44	3.67	1.60	0.70	0.37
6	0.90	1.38	3.58	1.49	0.65	0.35
7	1.42	1.44	3.22	1.35	0.66	0.32
8	2.13	1.48	2.74	1.08	0.59	0.27
9	3.82	1.47	2.63	0.93	0.60	0.26
10	6.65	0.60	1.51	0.44	0.40	0.14

7.4.2　收入再分配效应测算

7.4.2.1　K 指数

K 指数是量化税收累进性的重要指标。表 7-4 分别反映了税收对流动人口和非流动人口两类群体的 K 指数。

表 7-4　K 指数

	流动人口	非流动人口
总体税收	−0.086 7	−0.120 0
间接税	−0.192 2	−0.205 2
个人所得税	0.213 0	0.275 2
企业所得税	−0.047 8	−0.000 3

从表 7-4 可以看出,除个人所得税 K 指数为正以外,间接税、企业所得税和总体税收的 K 指数均为负数,流动人口与非流动人口的 K 指数符号一致,说明中国总体税收、间接税及企业所得税累退,个人所得税累进。这一结果与上文观察平均税率得出的结论基本相符。再看 K 指数的绝对值,个人所得税>间接税>企业所得税,说明个人所得税制度设计的累进性强于间接税的累退

性，但由于间接税税收收入占税收总收入比重过大，对总体 K 指数的贡献较大①，因此总体税收呈现出累退的特征。企业所得税的累退性和贡献都较小，对总体税收的影响不大。

对比流动人口和非流动人口，个人所得税对非流动人口的 K 指数绝对值更大，累进性作用更强，但在间接税累退性差别不大、企业所得税累退程度下降的情况下，总体税收却对非流动人口表现出更强的累退性，主要原因是非流动人口中存在相当数量以务农为主要收入来源的个人，这一群体一方面收入普遍偏低、不属于个人所得税的纳税主体；另一方面存在较高的消费支出，间接税负担较重。因此对于非流动人口群体，整体税收的收入再分配作用效果受间接税累退性影响更大，呈现出较强的累退性特征。

7.4.2.2 MT 指数

MT 指数能直观衡量税收对群体内部收入不平等程度的影响，表 7-5 比较了流动人口和非流动人口的税前税后基尼系数以及 MT 指数，得出以下结论：

表 7-5 基尼系数及 MT 指数

税种	流动人口			非流动人口		
	税前基尼系数	税后基尼系数	MT 指数	税前基尼系数	税后基尼系数	MT 指数
总体税收	0.442 63	0.450 18	-0.007 55	0.472 14	0.481 57	-0.009 43
间接税	0.439 35	0.450 18	-0.010 83	0.469 59	0.481 57	-0.011 98
个人所得税	0.443 16	0.439 35	0.003 81	0.472 07	0.469 59	0.002 48
企业所得税	0.442 63	0.443 16	-0.000 53	0.472 14	0.472 07	0.000 07

第一，相同征税情形下流动人口的税前基尼系数均小于非流动人口，说明流动人口内部初次收入分配比非流动人口内部更加公平。

第二，无论在流动人口群体还是非流动人口群体，总体税收的 MT 指数均为负数，税后基尼系数扩大，说明间接税和所得税构成的总体税收进一步扩大了居民间收入分配差距。其中，间接税对流动人口稍弱的逆向调节以及个人所得税稍强的正向调节，使得总体税收对流动人口的逆向调节影响稍小于非流动人口。

第三，企业所得税在流动人口与非流动人口中表现出不同性质的收入再分

---

① 根据 Kakwani（1976）的论述，当税收总额等于不同税种税收收入的加总时，不同税种对 K 指数的贡献程度由其各税种税收收入占总税收收入的比重确定。

配效应（流动人口中累退，非流动人口中累进），造成这一现象的主要原因是在不同群体中工资收入与资本收入占比不同，具体结论将在稳健性检验中论述。

7.4.2.3 泰尔指数

K 指数和 MT 指数测算和比较了税收对流动人口和非流动人口内部的收入再分配效应，表 7-6 通过计算泰尔指数，反映税收对流动人口和非流动人口之间收入分配差距的影响。

表 7-6 泰尔指数

	税前泰尔指数	税后泰尔指数	差值	影响
总体税收	0.012 31	0.011 48	−0.000 83	正向
间接税	0.010 67	0.011 48	0.000 81	逆向
个人所得税	0.012 29	0.010 67	−0.001 62	正向
企业所得税	0.012 31	0.012 29	−0.000 02	正向

从表 7-6 中可以看出，总体税收对流动人口与非流动人口之间的收入分配差距具有正向调节的作用，征收间接税虽然扩大了收入分配差距，但由个人所得税的正向调节作用弥补了。企业所得税也具有一定的正向调节作用，但由于收入占比少，调节作用不明显。

7.4.3 稳健性检验

由于企业所得税的税负转嫁方向及比例存在较大争议，因此本章根据已有文献的研究结果，在上一章税负转嫁假设部分做出三种假设：①企业所得税全部转嫁给资本要素；②75%转嫁给资本要素，25%转嫁给劳动要素；③资本要素和劳动要素各承担一半。前文选择假设②作为基本假设测算相关指标，本节报告了在另外两种较为极端的假设下，相关指标的计算结果。

如图 7-4 所示，在不同的企业所得税转嫁假设前提下，流动人口总体有效税率随收入变化趋势大致相同。在同一收入等级下，随着企业所得税转嫁给劳动要素占比的提高，流动人口实际承担的税率略有上升。造成这一现象的主要原因是样本收入中劳动性收入高于资本性收入，劳动要素承担的企业所得税比重越大，实际税收负担越高。

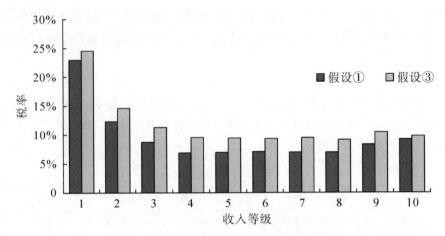

图 7-4　不同假设下流动人口有效税率变化

不同转嫁假设下计算出的收入再分配效应指标也有所差别，如表 7-7 所示。在流动人口群体中，不同转嫁假设对总体税收收入再分配效应的性质判定没有影响，作用强度略有差别，这主要是由企业所得税的收入再分配效应变化引起的。随着劳动要素承担的企业所得税比重上升，企业所得税的 K 指数由正转负，说明当企业所得税更多地由劳动要素承担时，企业所得税呈现出累退性。MT 指数进一步印证了这一结论，当企业所得税负担更多地转嫁至劳动要素时，企业所得税对收入分配差距的逆向调节作用更强，对应总体税收 MT 指数的绝对值更大，逆向调节更明显。

随着劳动要素承担企业所得税比重上升，企业所得税对流动人口与非流动人口之间收入分配差距的调节由逆向变为正向，这是因为流动人口收入来源中工资性收入占比高于非流动人口，在流动人口平均收入高于非流动人口的情况下，企业所得税的正向调节效果得以凸显。但总体来看，无论正向调节还是逆向调节，指数的绝对值都非常小，企业所得税的收入调节作用有限。

表 7-7　不同转嫁假设下 K 指数、MT 指数、泰尔指数测算结果

指标	假设	总体	企业所得税
K 指数	①	−0.090 52	0.101 45
	②	−0.086 75	−0.047 78
	③	−0.089 11	−0.077 01

表7-7(续)

指标	假设	总体	企业所得税
MT 指数	①	−0.006 83	0.000 19
	②	−0.007 55	−0.000 53
	③	−0.008 65	−0.001 63
泰尔指数	①	−0.000 62	0.000 06
	②	−0.000 70	−0.000 02
	③	−0.000 77	−0.000 09

7.5 本章小结

本章采用微观模拟法,测算了流动人口群体的主要税收负担,并通过计算定性定量指标,分析比较了所得税和间接税对流动人口和非流动人口的收入再分配效应。本章得出以下结论:第一,由所得税和间接税构成的总体税收对流动人口和非流动人口均表现出较强的累退性,累退性在低收入群体及非流动人口群体中表现明显。第二,间接税是流动人口税收负担的主要来源,具有较强的累退性,在总体税收收入中占比较大,是造成总体税收累退的主要原因。第三,个人所得税对流动人口内部收入分配差距具有较强的正向调节作用。但由于个人所得税税收收入占总体税收收入比重小,正向调节效果未能逆转总体税收逆向调节的特征。第四,随着劳动要素承担企业所得税的比重上升,企业所得税由累进转为累退,但税收收入占总体税收的比重较小,对总体税收的调节作用影响有限。第五,流动人口与非流动人口相比,内部收入分配更为公平。企业所得税、个人所得税有效缩小了流动人口与非流动人口之间的收入分配差距,间接税则扩大了收入分配差距,总体税收对两个群体之间的收入分配差距具有正向调节的作用。

本章的研究结果对于完善税制,更好发挥税收收入再分配效应具有良好的实践意义。本章具体政策建议如下:①进一步优化中国税制结构。税制结构尽快向直接税、间接税双主体模式转变,逐步过渡到以直接税为主体的税收结构,减小税收收入对商品税的依赖,向整体累进的税收结构转变。②进一步优化增值税制度。在降低整体税率水平的基础上,合并重分税率等级为高税率和低税率两级,并适当扩大两级税率的差距。在确定应税商品适用税率时,应考虑流动人口在流入地的生活消费水平,将生活必需品以及满足物质精神需求的其他商品纳入低税率的范围,尽可能降低中低收入群体的税收负担。③充分发挥消费税作为选择性商品税调节收入分配的作用。征税范围方面,尽量减少将生活必需品,以及生活必需品中间环节企业所需的原材料纳入征税范围内,同时根据当前高收入者的消费结构,将范围外的高消费奢侈品和服务纳入征税范围。税率方面,对因其他政策需要纳入征税范围的生活必需品适用较低税率,对以高收入者为主要消费群体的奢侈品适用高税率,对各类收入阶层均有消费的商品(如烟、酒),考虑按商品价值设计累进税率。④从标准减除费用、征收模式等方面优化个人所得税制度。具体体现在以下三个方面:一是进一步提高标准减除费用;二是逐步将利息、股息、红利所得,财产租赁所得,财产转让所得和偶然所得纳入综合征收的范围,统一适用累进税率;三是考虑采用以家庭为单位的综合计征模式。⑤从税收优惠的角度优化企业所得税制度。由于企业所得税对个人收入的影响通过税负转嫁实现,通过税收政策调整累进性效果不太明显。仅从收入分配的角度来看,对劳动密集型企业适用较低的税率或许有助于减少劳动要素承担的企业所得税负担,进而提高企业所得税在个人收入分配方面的累进性。

8 发达国家流动人口福利改善的国际经验借鉴

8.1 美国的流动人口管理

美国较高的开放度使得国内州际人口迁徙普遍并让世界各国人口流入处于频繁的态势。目前，美国的人口流动率仍居于全球高位。为了保障流动人口与当地居民享受同样的待遇，美国在流动人口的管理、子女教育、职业培训等方面做出了努力。

8.1.1 流动人口管理制度的实践

8.1.1.1 政府对流动人口的管理

美国联邦最高法院在判例中确认，美国公民有移居任何一州并享受移居州公民同等待遇的权利。与此相适应，美国政府很重视对流动人口的管理，目前主要通过"生命登记制度""社会保障号"、不定期抽样检查和十年一次的人口普查等方式来对流动人口进行管理。其中，"生命登记制度"记录的是与个人有关的出生、死亡、结婚、离婚、生育、领养和迁移等生命事项，是公民获得法律保障、行使权利的依据，其登记内容详细，数据通过互联网储存传递，方便政府存档备案和调取查看。而"社会保障号"记录了个人的工作、居住地、纳税情况、信誉等信息，美国居民要保障个人护照、驾驶证及银行卡等证件的有效性，美国居民享受政府提供的住房补贴、失业救助和医疗保险等，都是以拥有社会保障号为前提的。

美国政府使用具有唯一性的社会保障号和信息化手段来获取流动人口的信息。在美国，社会保障号信息实行全国联网，为自由流动的公民带来了便利，也为政府管理流动人口提供了信息基础。政府可以通过社会保障号追踪个人的居住地信息，进而对流动人口进行识别和管理。由于社会保障号的适用范围越来越广，如申请信用卡、入学、贷款、驾照、房屋租赁、租车、买车、求职、领取社会安全福利等均要求公民提供该号码，因此，美国公民会及时到当地社会保障机构办理相关变更手续，使得政府能对流动人口进行动态追踪。

8.1.1.2 流动人口的自我管理

流动人口在流入地往往会受到不平等对待，而政府作为宏观调控者，在为流动人口提供服务方面又很难面面俱到，因此流动人口往往处于权益保障的"真空地带"。在新的环境下，这部分人更渴望获得情感归属和价值认同，他们会自发组建各种组织来满足其物质和精神需求。美国的移民在很早之前就开始进行自我管理，1620 年，英国的移民就提出了"自愿结为民众自治团体"。此外，关于美国流动人口自我管理方面，犹太社团较为出名，它是由流动到美国的犹太人创建的。

美国的这些流动人口自我管理组织在帮助流动人口融入美国社会方面发挥了很大的作用。在生活方面，自我管理组织负责统计该区域的外来人口情况，帮助代理或代办一些生活必需的证件，为贫困者提供救济，承担调解外来人口纠纷的职责；在教育方面，为外来人口提供技能教育、幼儿教育、遵纪守法教育；在劳动方面，由于外来人口往往在学历或技能方面存在一定的不足，自我管理组织会承担介绍工作、协助无工作外来人口返乡、工会维权等职责。

8.1.2 子女教育均等化

8.1.2.1 子女教育均等的法律法规

美国是较早关注流动人口子女教育问题的国家之一，早在 1966 年，关于针对流动儿童教育的法案"流动教育项目"（migrant education program，MEP）就已经颁布。MEP 的运作机制为：联邦政府承担提供资金的职责，各州政府拿到这一项目的拨款后申请并委托当地的教育机构对 5~17 周岁的流动儿童实施补偿教育，补偿内容主要包括解决流动儿童因为流动造成的学业中断问题、社会排斥问题、语言障碍问题等。为了保证 MEP 的顺利实施，美国还陆续颁布了一些其他的针对流动儿童教育的法律。在年龄设置方面，美国在 1988 年通过了《学校促进法》（School Improvement Act），进一步扩大了资助范围，将 3~21 周岁的流动学生人口都确定为资助对象。在保障项目效果方面，美国在 1994 年颁布《改进美国学校法案》（Improve America's School Act），对资金的使用提出要求，让各州必须做到精准救助，严格按照条件进行筛选，用好每一分项目资金；该法案的颁布也对学校重视流动生源形成了倒逼机制，因为法案再次强调流动学生和固定学生都有接受均等教育的权利，并且明确规定在考核学校教学质量时对流动学生和当地学生的教学成果一视同仁，均纳入考核范围。

美国关于保障流动学生教育权利的法律是不断完善的。2002 年《不让一个孩子掉队法》（*no child left behind act*，NCLB）在美国实施，该法案的主旨是保证美国的每一个学生受到平等的学校教育，消除学生之间的差别。NCLB 提出要确保在各州之间流动的学生避免因课程设置、毕业要求、学业内容、学业完成标准的不同而处于不利地位，要为流动学生提供高质量、公平的教育服务；同时要为流动学生消除限制他们在学校里取得良好表现的因素，为他们成功升学和就业创造条件。法案还授权联邦政府拨款资助流动学生。

8.1.2.2 为流动学生提供服务的联动机制

在为流动学生提供服务的过程中，美国形成了多主体联动机制。美国教育部创立"流动教育协调中心"（migrant education coordination support center）用于协调促进州际 MEP 的有效实施；开通流动人口教育热线（migrant education national hotline），即流动人口可以拨打该热线来咨询与生存息息相关的各种问题，包括就业、子女教育等，此外该热线服务还会主动帮助流动家庭详细了解MEP 不同方案的具体内容；设立"流动人口教育办公室"（office of migrant education，OME），它主要负责给予各州技术支持，提供资金保障，承担监督资金使用的职责并对项目落实情况进行评估。为了增强各部门的效率意识，提高管理水平，在 2002 年，OME 依据 1993 年美国政府出台的《政府绩效与结果法案》，要求各州对上一年的教学成果进行审核，同时对下一年教学工作做出相关的规划。2010 年，OME 开始监测享受 MEP 补助的学生的学业表现，根据总体情况设定指标，那些长期不达标的学校将会受到上级部门的强制改造，表现优秀的学校会获得相应的奖励。

搭建学校、家庭、社区的共育平台。为了帮助流动学生的父母履行其在子女教育过程中的职责，各州从强化父母责任开始，采取了一些举措。例如，有些州着重拉近父母与孩子的距离，通过聘请双语辅导老师对英语沟通交流能力较差的父母进行辅导来消除父母与孩子之间的交流障碍；有些州则让老师以学生父母联系人的身份，通过电话联系、家访、研讨班等形式来让家长及时了解他们的孩子在学校的表现，并辅助老师完成孩子非在校时间的督学工作。为了提前掌握孩子的流动可能性，有的州设立了"小孩流动计划"，通过研讨会、社区论坛等方式来了解学生可能流动的情况，并根据了解到的信息提前为学生做好合适的学业转移计划。除此之外，还有一些地方成立了家庭"帮扶对子"，即当一个家庭迁至其他学区时，同一所本地学校中，让有上学至少两年的孩子家庭和新家庭结成对子来帮助新家庭的孩子尽快适应新的学习环境。

8.1.2.3 信息技术的运用

美国利用信息技术传递流动学生信息，保证流动学生学习的连续性。美国在 1995 年建立了"流动学生记录传递系统"（Migrant Student Record Transfer System），旨在为流动学生提供信息跟踪服务。这是一个网络系统，收集了有关流动学生的信息，包括流动前的学习档案和健康档案。该系统的信息可在不同学区之间共享并不断地被更新，有利于学校和老师及时掌握流动学生的真实情况，对其做出正确评估，将其安排在合适的班级，制订有针对性的教学计划，保障流动学生教育的连续性。同时，系统上关于学生流动的记录还为各州政府向联邦政府申请流动学生教育资金提供了依据，也有助于联邦政府从整体上预测各州流动教育资金的需求规模。

美国除了用信息技术来传递流动学生信息外，还用其来传输教学内容。各州建立了自己的流动教育科技项目，其中比较典型的有 Summer Migrants Access Recourses Through Technology，这是一个运用卫星技术通过电视和网络为流动学生提供全国性远程教育的项目，通过州与州之间的合作，让学生不受空间限制，在不同学区之间流动时也能够学习到同样的课程。项目的运作模式为：项目的组织者负责招聘教师、选择课程内容，再将教师授课内容通过卫星传送。项目有全日制的，也有半日制的，开展时间通常为 3~8 周，在此期间需要跟随家长迁移的学生可以到流入地继续接受该项目，直到项目结束。项目涵盖学生范围广，涉及学生层次多，提供从学前教育到高中教育的所有教学内容。课程形式多样，学生可以根据需要和兴趣进行选择。为了保障教学质量，项目还配备了工作人员来对流动学生实施辅助教育，比如到学生家里与他们面对面沟通和互动，监督他们参与学习并对其学业进行评估；同时，学生也可以通过免费电话或视频与老师进行交流。

8.1.3 职业培训体系

8.1.3.1 职业培训内容

为了提升美国流动人口的就业质量，政府为流动人口提供了职业基础技能培训，培训内容涉及在美国生存所必需的英语能力、求职技巧等。美国最为典型的职业基础技能培训是由美国教育部主办的"成人基本教育培训"，它所提供的培训是免费的，服务对象是 16 周岁以上且没有高中文凭的英语非母语移民群体。"成人基本教育培训"以各社区的公共学校、图书馆等机构作为依托，既方便服务对象参加培训，也能够根据不同地区的情况因地制宜设置培训内容，这一高效便捷的培训方式能够让参加培训的流动人口迅速掌握英语语言技巧。语言能力只是求职的一个基本因素，在求职前还需要做好策划提高求职成功率，越来越多的求职需求使与求职相关的短期培训在美国兴起，流动人口可通过这些培训机构获得招聘信息，接受关于简历制作、面试技巧等方面的培训。

掌握职业基础技能的流动人口，如果想向高级技工转变，还需要参加专业技能培训或取得职业证书。美国的专业技能培训涉及行业范围广，包括建筑、汽车、医疗等行业；专业性强，甚至需要长时间的"一对一"训练实践；参加培训人员的培训费用来自联邦政府、行业协会、雇主和劳动工会。专业技能培训具备的这些特点让流动人口等弱势群体在参加培训时可以消除培训经费等方面的困扰，完成培训后也能真正拥有一技之长，为长远发展打下基础。美国也有一些从事专业资格认证培训的机构，这类培训适合想在短期内提升专业能力和职业素质的流动劳工。培训结束以后，培训机构会对这些取得专业技能的人员进行资格认证，即给参加统一测试后的合格者颁发职业资格证书。

8.1.3.2　职业培训载体

美国流动人口职业培训的主体和平台主要是企业。一般情况下，企业在资本增加后更愿意加强对在岗劳工的培训，增强他们的综合素质，提高他们的专业能力。流动劳工群体参加企业提供的职业培训后，综合素质得到提高，在这一过程中实现由无业向有业、由非正规就业向正规就业的转变，后续发展能力得到提升，就业稳定性提高。此外，校企合作、委托培养等职业培训形式在美国也很流行，高校的优质资源拓宽了流动劳工群体的交际圈，从而促进了流动劳工群体事业的发展和社会关系的构建。

美国的各社区学习氛围比较浓厚，社区基本上都配备图书馆，这为在社区开展职业培训提供了便利，使社区也成为流动劳工职业培训的主阵地之一。各级政府、社会组织及团体充分利用社区的软硬件设施，以社区为平台为新搬来的流动劳工、在家待业的移民、缺少就业技能的流动劳工妇女等群体开展各式各样的流动劳工职业培训活动，拓宽了流动劳工群体的视野和人际关系圈。为保障该系统工程的平稳运行，美国政府会在"公民及融合资金项目"中进行资金划拨，用于社区职业培训。

8.2　德国的流动人口管理

德国在 1914 年就已经实现了工业化，在推进工业化阶段也曾出现大量农村人口涌向城市的现象。但是，德国目前的城市化水平已经比较高，据统计城市化率已达 90% 以上，现阶段德国的流动人口主要来自欧盟成员国和少部分其他国家的移民，以及少量国内的农村人口。作为欧盟成员国的德国，积极支持和维护欧盟各成员国之间公民及其家属拥有的自由流动权，对流动人口平等对待，加之具有早年在推进工业化阶段形成的应对流动人口的经验，德国在改善流动人口福利方面的举措比较全面，对我国解决跨省流动人口福利问题很有借鉴意义。

8.2.1　社会保障制度

8.2.1.1　社会保障法律制度的特点

德国是最早对社会保障立法的国家，社会保障立法完备。德国早在 19 世纪 80 年代就先后颁布了《医疗保险法》《工伤事故保险法》《伤残和养老保险法》，经过 100 多年的发展，目前的社会保障体系已经接近健全，覆盖面广、保障水平高，涵盖了与所有公民有关的生老病死、养老、住房、教育等方面。除本国法律外，德国在处理流动人口社会保障方面的问题时还受到欧盟法律的约束。欧盟颁布的"社会保障协调机制"，要求德国与其他各成员国在流动人口社会保障制度上进行合作；对欧盟各国都直接适用并具有较高法律地位和法律效力的欧盟基本法、欧洲法院的判例法等法律法规也促使包括德国在内的欧盟各成员之间进行利益和权限协调，为跨国流动人口提供保障。

德国社会保障立法内容体现了社会保险机构自治、社会互助、强调个人责任的特征。在管理方面，德国的社会保险机构具有较强的自治性，主要实行的是自我管理，即由雇主、投保人、董事会进行自治管理，政府负责监督、协调；在保障资金筹措方面，承担主要责任的主体是社会保障的受益者和企业，政府则承担次要责任，即当保险费开支入不敷出时，才由国家财政预算支付；在社会保障过程中讲究统筹互助，例如，法律明确规定，医疗保险参保人缴纳保费的多少仅由其收入决定，保险机构不得按照年龄、性别、家庭成员数量、身体状况等因素对投保人进行风险选择，参保人享受的医疗服务也不因缴纳保费的多少而有所区别，这充分体现了不同人群之间的互助共济性以及社会医疗保险制度模式的公平性，缓解了流动人口等弱势群体的看病压力。此外，为避免"懒人"的出现，德国也强调个人责任，即缴纳保费与领取保险金是义务与权利的对等关系。

8.2.1.2　社会保险转移接续

德国采取了比较有效的措施来应对来自国内农村流动人口的社会保险转移接续。德国本来就有一套比较健全和完善的农村社会保障制度，其中涉及农业事故保险、农村养老保险、农村医疗保险等一整套独立的社会保障体系，农民通过参加农村社会保障可获得相应的权益保障。德国在达到现在的城市化水平之前，也存在大量农村人口转变职业、流动到城市寻找新工作的情况，为了应对这一情况，保证投保人的利益，德国允许农民在改变职业后，可以根据需要将农村社会保障向普通社会保障转接。例如，一位农民放弃在农村的农业生产，应聘到一家企业当雇员，那么这位农民原先在农村养老保险体制中的缴费年限可以折算入普通养老保险。两种保障制度之间的灵活转接为公民维持高质量生活提供了保障。

面对来自欧盟内部的流动人口，德国遵循"社会保障协作条例"规定的五条基本原则来完成他们社会保险的转移接续：①唯一国原则，即一个欧盟公民在同一时间段只能加入一个国家的社会保障；②国民待遇原则，即只要欧盟公民纳入了德国的社会保障计划，其就能享受与本国公民一样的社会保障权利并履行义务；③工作地原则，即一个欧盟公民要加入德国的社保计划是以其工作地为标准的；④累计原则，即如果欧盟公民曾在欧盟不同国家流动过，那么他的参保记录应该在不同的国家累计，实现社保的连续性；⑤按比例支付原则，即若参保人在欧盟成员国之间流动，并且在不同成员国工作期间又都履行了缴费义务，则该参保人最后获得的收益由各国根据保费成本按比例分配支付。欧盟公民跨国流动到德国工作并加入德国社保计划时，需要向德国提交欧盟统一使用的标准化的 E 表格（E-forms）进行信息传递，完成社保的转移接续，该表格规范记录了该公民的信息获取申请、社保接续、社保记录、待遇证明等。

8.2.2　流动人口社会融入

8.2.2.1　流动人口社会融合政策框架

德国的移民占德国流动人口中的很大一部分，为顺应国内外形势，促进流动人口的社会融合，德国政府将移民政策作为一项重要政策来进行统筹和立法。2004 年，德国制定了《移民法》，并于 2005 年正式实施。《移民法》明确了移民事务的范围、性质、实施程序、责任等。值得注意的是，移民的社会融合也首次被写进德国法律，《移民法》规定了要为移民提供参加相关融合课程的机会，而对于拒绝参加融合课程的移民也将受到一定的惩罚。为了吸引更多的高技能移民人才，联邦政府还通过举办论坛、设立网站等途径来宣传德国开放融合的人口发展政策。与此同时，联邦各州也纷纷制定法律和规定，以增强《移民法》的可操作性。

为了防止流动人口被边缘化，充分激发劳动者的潜能，德国总理府以"制订一份移民融合的行动计划"为目的，于2006年召开了第一届融合峰会，应邀参加此次峰会的与会者中有很大一部分有移民背景，他们来自德国各级政府、移民团体或者受邀个体。2007年，德国第二届融合峰会如期召开，此次峰会通过了《国家融入计划》，该计划对多个部门提出了要求，包括联邦各级政府、民间团体组织、救助机构、新闻媒体机构等；其内容涉及广泛，有多达400多条约束条款，包括移民教育、本地融合、公共服务、妇女儿童的权益保护、医疗、就业等方面。

8.2.2.2 流动人口社会融合的管理体系

为推进流动人口的社会融合，德国形成多机构协调配合的管理体系。德国政府设立直属总理府的移民难民融合部，该部门需要履行如下职责：一是需要协调其他部委做好与移民难民相关的工作，监督各部委工作的落实情况，并要求他们每两年进行一次书面报告，此外，移民难民融合部还要检查各部门颁布实施的规章政策是否有利于新移民；二是要充分发挥政府的服务职能，积极为移民等流动人口解决问题。总理府会举行有社会团体、移民组织作为代表参会的解决移民问题的高峰会议，在会议中就移民融合等相关问题进行面对面交流。联邦各州和地方也相应成立移民管理机构或者是专门的移民融合机构，设置专门的移民融入专员，负责移民事务和移民的社会融合工作。

德国政府成立家庭事务部，该部分别设置了与老人、儿童、妇女权益、政治参与、家庭事务有关的部门开展相对应的工作。扶助和支持女性移民民间组织是他们的工作重点之一，这些组织关注的是作为流动人口的女性移民在流入地的生存和未来发展，主要涉及与女性移民有关的教育、就业和业余生活。女性移民民间组织会对权益受损的女性移民开展救助工作，而家庭事务部也会尽力帮助这些组织，为它们提供经费，使这些组织更加的专业化和合法化。

流动人口作为外来人员，往往不容易被接纳，为保障流动人口权益，德国联邦政府成立了联邦反歧视署。该署的职责主要是：受理有关歧视方面的投诉，通过互联网进行反歧视的宣传活动，在各地设置反歧视服务点来提供与反歧视相关的咨询。为了反歧视工作的顺利开展，德国出台了"平等对待法"，法案中规定当流动人口遭遇种族歧视、性别歧视、宗教歧视、身体或残疾歧视、年龄歧视、性取向歧视等歧视时可以通过申诉进行维权。反歧视署鼓励企业多招女性员工，要求雇主必须设立一个歧视投诉站，负责人必须接受歧视和反歧视培训。

8.2.2.3　流动人口社会融合理念机制

德国政府要求德国的公民要充分尊重、包容、不歧视流动人口，即使他们可能来自不同的国家，拥有不同的宗教信仰和文化传统，政府和当地公民也会共同努力营造一种对流动人口表示欢迎的环境。德国注重从小培养国民尊重他人立场和观点的意识，关心他人，追求平等，热爱和平，树立融合其他民族的信心。德国倡导的"欢迎文化"取得了巨大成效，让多数政治家、企业家和社会团体对流动人口产生了积极态度并愿意为其提供帮助，促进社会进一步融合。

德国社会融合计划要求对流动人口融合情况进行监控并将其作为工作成果评估的一项重要内容。为了观测流动人口融合状况是否得到了改善，德国从流动人口的就业、教育、社会包容性、政治参与四个方面进行评估，每个方面又细化为多个指标，比如就业方面除了有就业率、失业率等常规指标，还设置了流动人口在公共服务业中的就业率、目前从事短期临时工作的流动人口数等。欧盟以及德国的相关政府部门会根据这些指标进行考核，考核结果能够展现出该地区在社会融合方面的包容程度。

8.2.3　流动人口教育和职业培训制度

8.2.3.1　赋予流动人口受教育权

德国在2005年通过了《融入课程规定》，该规定提出移民等流动人口在迁入德国后具有参加融入课程的权利和义务。融入课程内容丰富，涉及在德国居住所必须了解的知识，主要包括德国的语言、法律、文化、历史等方面的内容，其中关于语言部分的课时是最长的，开设每人600学时的语言培训班，其他方面的课程则大约一共需要100个学时，此外也会根据需要开设特殊的融入课程。为了保证融入课程的学习效果，德国设置了结业考试和相关激励机制，结业者可获得融入课程证书，同时在参加融入课程两年内通过结业考试的学生可以申请退回一半的学费。此外，生活困难且无法缴足学费的学生也可以向当地移民与难民局申请减免学费。

德国针对不同学习阶段的、具有跨国流动背景的学生采取不同措施，以保障他们受教育的权利。在早教阶段，德国以均衡起点教育为导向，将保障跨国流动儿童权益融入教学大纲制定、幼师选拔培训等。例如，各州制定教师教育大纲时会根据各地的情况融入一些跨文化教学内容，而幼儿园和托儿所的老师也被要求掌握语言培训技能，以便帮助语言不通的流动儿童掌握交流技巧。在义务教育阶段，政府以社会指数为依据对学校进行资源分配，其中的社会指数涉及学校有无移民背景的学生及其数量、学生家庭是否以德语为主要语言、学生家长对孩子的教育能力等方面；通过详细了解学生的情况来识别处于劣势的外来学生并有针对性地提出改进策略。德国鼓励具有移民背景的学生接受高等教育，针对考上大学或研究生的学生制定了很多优惠政策，例如，在奖学金申请方面，这类学生不仅可以享受德国联邦教育促进法规定的资助，还可以获得来自专门针对移民背景学生的基金资助。

8.2.3.2 职业培训制度

德国具有世界上比较先进的职业培训体系。在推进工业化阶段，为了提高来自农村流动人口的文化和专业技术水平，德国政府和社会团体通过兴办成人学校和创办职业学校的方式来对其普及成人教育和开展职业培训。

成人学校具有收费低、学习期限自定、专业设置广泛、课程多样化的特点，主要面向广大工人和低收入群体，还为特别贫困者提供免费上学的机会。在德国，如果你想要正式进入一个行业工作，必须先获得相关的职业资格，通过考试获得资格证书后才能正式上岗工作。同时，企业还会进行规范的职业培训，帮助职工掌握基本的职业技能和安全防护知识。在职业培训教育中，德国实行的是"双师型"和"双元制"模式。"双师型"是指在职业学校负责职业教育培训的老师必须具备全面而过硬的理论知识和实操能力，他们来自职业技术师范学校，并经过了国家组织的多次职业理论和实操考核，或者是通过了职业技术大学的学习并获得职业教师资格证的拥有多年工作经验的工程师、技术师。"双元制"是指培训中不仅注重理论教学也注重企业实践的职业教育模式。政府和行业协会分别负责对职业学校和企业培训的教学质量进行监督和评价，完善的职业培训能够帮助流动人口尽快掌握职业技能，适应新的生存环境。此外，德国还颁布了《劳动力市场现代服务法》，制定了发放职业培训代金券的条款，初次就业的流动人口可通过该代金券选择到与联邦就业机构有合作关系的培训机构和企业接受培训，以便提高自己的技能，尽快就业。

8.3 加拿大的流动人口管理

作为奉行多元文化主义的移民国家，加拿大的社会发展与人口增长都与大批外来流动人口有关，加拿大的社会形态很大程度上受到外来人口的影响，外来流动人口主要以移民学生和流动劳工为主。多年来，加拿大政府不断调整与移民相关的政策，促使外来人口尽快融入社会、获得身份认同。经过多年的摸索，加拿大在流动人口管理方面积累了丰富的经验，值得我国借鉴。

8.3.1 移民学生的学校融合

8.3.1.1 创立移民学生融入项目

对于初次迁移到一个陌生的地方的学生家庭来说，及时获取入学信息并完成相关接洽工作是非常重要的。加拿大的移民机构和学校联合创建了一些项目来为流动学生提供服务。其中一个项目叫作"学校移民项目"，该项目主要为初次迁移到加拿大的学生及其家庭提供帮助。例如，对处于中等教育阶段的学生家庭，"学校移民项目"的工作人员会与学生及其家长进行沟通。负责沟通的工作人员一般被要求掌握不同语言，且熟悉当地学校规则、教育政策和学习内容等，能为来自不同国家的学生及家长介绍学校的基本情况并提供相应的服务；另一个名为"欢迎移民和提供服务信息"的项目则是为流动学生家庭提供入学流程提示、申请寄宿指引等服务信息，并通过互联网在教育部网站发布关于私立学校、公立学校的具体信息。

加拿大的校方认为为移民学生提供关于融入学校的培训项目也很重要。培训项目的开展是校方评估学生能力的好时机，有利于学校根据学生情况制订后续的教学计划，同时也有利于学生提前适应学校生活。因此在开学之前，学校会以"移民培训周"为主题来对移民学生进行培训。在"移民培训周"培训项目开展过程中，学校本着加快移民学生有效融入新学校的原则，采取多项措施。在培训人员方面，学校会邀请曾经是新移民的同龄人参与，他们都是训练有素的领导者，不仅工作能力强，还能够与参加培训的新移民建立亲密关系；在项目内容方面，学校设计了丰富的活动形式，包括展览、游戏展示、实地参观等。

8.3.1.2 做好移民学生融合的保障工作

加拿大是一个双语言国家，官方语言为英语和法语。为了让移民学生尽快适应新的教学环境，加拿大校方会为第一语言不是英语或法语的移民学生提供第二语言的教育。在第二语言教育开展过程中，学校对从事相关教学工作的老师以及学生家长都提出了不同的要求，老师除了具备专业能力，还要主动掌握学生的文化背景，了解其学习方式，因材施教；学校也搭建了一些平台来激发家长在学生教育过程中的作用，例如，开展老师和家长共同参与的座谈会、邀请学生家长参加学校委员会的活动，促使学生家长参与到管理活动中，让他们成为子女受教育过程中的好伙伴。

为了使移民学生融入工作能够持续开展，加拿大除了对人员进行安排外，还提供多层次的资金保障。政府为"学校移民项目"设立了专项资金，学校可以为开展类似"移民培训周"等活动申请资金。多伦多地区通过设立"卡尔·贝塔斯曼奖"来鼓励当地从事移民学生教育工作的老师或学生家长进行教育管理创新。对于参加第二语言教育的移民学生则可以根据不同地区出台的"第二语言学习资助指南"来申请资助，可以获得最高5年期限的资金资助。

8.3.2 流动劳工就业保障

8.3.2.1 流动劳工有序转移

设立"临时外国劳工计划"，有序引进外国劳工。该计划由联邦政府主导，多部门协调管理和实施。其中，服务部主要负责审理雇主提交的关于劳动市场需求的申请书，确认提交申请的雇主是否具备申请资格。公民及移民部主要负责确认外籍劳工是否具有到加拿大工作的资格，具体工作为受理外籍流动劳工提出的工作许可申请，该部门主要设置在加拿大大使馆以及领事馆的签证处。外籍流动劳工在获得公民及移民部的资格确认以后，还需要在进入加拿大的边境口岸或机场时接受边境服务局的审查，并由边境服务局最终决定外籍流动劳工是否具有在加拿大工作的权利。通过该计划引进的外籍流动劳工可以获得加拿大为其颁布的工作许可证，这一许可证是流动劳工在加拿大就业的通行证，证件明确了该劳工的工作类型、受雇单位、约定的工作期限等。

在外籍劳工有序转移过程中，加拿大中央政府和地方政府、输出国和输入国有效合作。加拿大国家政府主要完成顶层设计工作，比如为外籍劳工工作许可程序制定法律和劳动市场政策。省级地方政府为流动劳工在医疗健康、平等就业、受《就业标准法》保护等方面提供保障。在国际合作方面，输出国会与加拿大签订双边协议，规定两国在招聘、分配、监督流动劳工方面的责任。加拿大允许输出国在加拿大派驻常驻联络官，为外籍劳工提供出行前培训、协助教育协作项目落地，定期关注和调查流动劳工权益保障问题，帮助劳工解决劳动纠纷等。加拿大政府与输出国也会定期召开年度项目运作总结会，探讨相关的改进方案。

8.3.2.2　社会组织的作用

加拿大的工会是一个自愿性协会，不隶属于政府，流动劳工作为工人也可以不受雇主的干扰，自行选择加入某一工会。近些年来，加拿大工会会员总数约占全国工人总数的三分之一，工会在保护加拿大劳动者权利方面也起了巨大作用。在加拿大，作为保障流动劳工权益的典型工会，联合食品和商业工人工会与政府签订了一份协议，要求政府为流动劳工编写关于劳动权利、义务和行为标准指南，设立劳工权益免费电话热线。同时，工会还会对流动劳工是否获得技能培训、工作环境如何等方面进行监督。

除了工会以外，各种独立、半独立的委员会、协会在帮助流动劳工方面也发挥了很大的作用。这些组织在保障外来流动劳工权益方面提供了多种多样的服务，涉及范围广泛，从与生存相关的职业保障到涉及人权的反歧视法律保护，再到满足精神需求的文化活动，都表现出了尽可能改善流动劳工福利的决心。当然，不同州的社会组织形式不同，援助方式也不同。比如魁北克省家庭照顾者协会定期举办活动以了解社区内流动人口的情况并提供跟踪服务；阿尔伯特省专门成立了人力服务部流动民工咨询办公室，负责通过学习手册、公共媒体等宣传流动劳工权益保障相关内容，帮助流动劳工意识到自己拥有的权益，以便在权益受到侵害时进行维权。

8.3.3　公共服务供给模式

8.3.3.1　公共参与

在为流动人口提供服务的过程中，让公众参与其中对优化资源配置有很重要的作用。加拿大政府根据公共服务影响层次的不同，采用不同的方式引导公众参与公共服务。①告知：政府向公众提供客观信息，来帮助公众理解当前存在的问题并提供可行的解决措施。②磋商：政府收集公众对当前问题的意见和建议，以供双方进行商议。③介入：政府会直接融入公众参与的活动中，以便知晓公众的关注点并帮助实现其诉求。④合作：政府在进行决策时会与公众合作，合作内容包括开发备用方案或寻找更佳解决办法。⑤赋权：政府给予公众最终的决定权。

各地实行不同的公众参与模式。埃德蒙顿市实行"多元文化健康经纪人"合作社服务模式来为流动人口等新居民实现公共参与提供保障，该合作社主要是由流动妇女组成，她们利用自己的语言优势为流动人口提供与当地卫生部门、教育部门、社会服务机构、执法机构进行沟通交流的"中介人"服务。该模式充分利用了流动人口等边缘化群体对其熟悉群体的依赖性，增加流动人口的公众参与度。卡尔加里市则采用"社区文体协调人"模式，它以经纪人的角色，与流动人口等新居民建立良好的信任关系，了解并协调他们的需求，帮助政府与他们建立常态的协调联络机制。这种合作不仅拓宽了政府与流动人口的沟通渠道，而且可以根据需求及时调整政府公共服务供给。多样化的参与模式让流动人口认同自己的价值，更愿意为保障自己的权益而参与到社会治理工作中去。

8.3.3.2 提供一站式服务

随着加拿大经济的发展，公众对政府提供的公共服务的范围、供给质量等都提出了更高的要求。在1998年，公民中心服务研究院率先提出了"公民优先"的研究报告并获得了广泛认同。为了提高流动人口对公共服务的满意度，由公民中心服务研究院提出的"客户满意度驱动因素"也被引入流动人口公共服务体系中，即要提供及时的服务，不能让客户等待；工作人员对自己的工作职责范围要熟悉；要公平对待每一位客户；工作人员要竭诚为公众服务；要让客户获得预期服务结果。政府还通过绩效指标来衡量公共服务效果，以达到满足流动人口需要的目的。

加拿大根据"公民优先"的模式，在政府内部建立了"一站式服务中心"。例如，安大略省荷顿区设立的211电话服务热线，市民可以通过拨打该热线查询到紧急情况下社区、政府、健康和社会服务信息。负责接听的工作人员均具有信息推荐专业资质认证，因此可以避免流动人口因地点、语言、社会地位等障碍无法获取专业信息的情况。政府外"一站式服务中心"则主要坐落于流动人口聚集地，这些"一站式服务中心"不仅为流动人口提供权利保护、健康医疗、技能培训及其他相关服务，同时还承担着社交场所的功能。比较典型的政府外"一站式服务中心"有"联合食品与商业工人工会服务中心"，该中心由加拿大联合食品和商业工人工会建立，主要建在全国多个外籍流动劳工聚集地，该中心在工作日及休息日都全部开放，免费向流动劳工提供支持和服务项目。

9 优化流动人口财政扶贫机制的政策建议

9.1 创新贫困监测机制

9.1.1 构建多维贫困与返贫风险测量指标

现行流动人口多维复杂的贫困状况仅靠以收入为单一衡量标准的贫困测度方法是难以被全面精确掌握的，我们必须结合运用多维贫困理论和测度方法来突破传统收入贫困测度方法的局限，才能从源头上找出造成流动人口贫困的原因。针对中国流动人口不仅在收入上贫困而且在其他维度贫困的情况，我们应该创新贫困监测机制，加快研究制定多维度贫困测度指标体系来补充收入贫困测度指标体系，然后设置定义统一的测度指标以及临界值作为比较标准，实时监测统计重要具体指标，及时制定应对策略。流动人口多维贫困测度指标体系除了对流动人口收入的考察，还应涵盖教育、就业、住房保障、社保、身体健康状况和身份认同6个维度。具体来说，流动人口多维贫困的指标可以包括受教育程度、社会培训经历、年收入总额、五险一金水平、住房情况、工作保持度、日均工作时长、每周工作天数、重大疾病情况、慢性病情况、职业病情况、其他传染病情况、社会活动和组织参与情况以及社会融合度等19项指标，并根据流动人口实际发展情况设定相应的指标临界值。

流动人口贫困治理还应重视返贫问题。返贫问题是在精准扶贫取得一定成效之后客观存在的经济社会现象，会减弱精准扶贫的脱贫成果。脱贫流动人口返贫现象频发的根源在于脱贫人口自身的脆弱性，贫困线附近的个体是脆弱的，这种脆弱属于一种动态的贫困，只要有任何细微的变动冲击，脱贫者就会重新陷入贫困。只有维持脱贫的可持续性才能从本质上防止流动人口返贫，而返贫风险测度指标体系的构建则是维持脱贫可持续性、防止流动人口返贫的关键一环。返贫风险测度指标体系包括返贫风险测度指标以及相应的返贫临界值两部分内容。具体来说，返贫风险测度指标及返贫临界值可以根据流动人口的主要贫困维度来进行设定。例如，收入维度指标为人均年纯收入，健康维度指标为身高、体重和营养健康，医疗服务维度指标为能否及时就医以及是否有医疗保险，生活质量维度指标为住房、饮用水、做饭燃料以及卫生设施，社会排斥维度指标为融入城市生活的程度。

9.1.2 重视流动人口相对贫困问题

相对贫困问题是社会基本温饱问题解决后各类社会矛盾产生的主要诱因。对目前流动人口贫困的研究多从宏观政策层面入手，以贫困线和低保线的划分为研究要点，主要还是从绝对贫困的角度展开的。但是，只从满足流动人口基本生活需求的角度来研究扶贫政策不具有全面性，不能彻底解决流动人口贫困问题。流动人口内部部分群体（如农民工群体）的分化会提高城市相对贫困发生的概率。为此，我们需要重视从相对角度开展流动人口扶贫政策的相关研究。在推进绝对贫困"清零"的主线下，我们可以借鉴欧美等工业化国家从相对贫困角度开展流动人口减贫对策的经验来搭建相对贫困研究的框架。

落实流动人口信息监测，建立并实施以家庭为本源的服务动态采集机制。为了引导流动人口合理分布、有序流动，方便未来流动人口的有效管理，我们应该立足实际，积极开展流动人口信息动态监测工作，及时掌握流动人口的动向、规律以及基本情况，并借助现代网络技术手段，对流动人口信息管理网络系统进行补充升级。同时，我们可以通过入户走访方式对部分典型贫困的流动人口家庭进行调查，如利用动态监测系统的智能设备对调查对象进行调查，获取一手资料。容纳较多流动人口的社区也可以与人口计生部门相互配合，强化流动人口信息获取的准确性和全面性。

在做好流动人口信息监测工作的同时，我们还应结合脱贫攻坚与防止返贫来优化精准扶贫机制，严格进行流动人口贫困筛查，制定返贫动态监测标准，将返贫预警工作落实到位，关注新增贫困流动人口以及返贫对象数量的变化，及时将其信息录入相关系统，衔接好对应的帮扶举措，帮助其早日脱贫。该机制的主要流程为：第一步，收集脱贫户家庭信息并录入流动人口大数据平台，经过分析和处理后，对比统一临界值对脱贫户进行测量以及警兆分析，找到达到及超过预警线的脱贫户；第二步，对达到预警线及其以上的脱贫户进行预警等级判定并发布不同的预警信号；第三步，根据收集的信息寻找造成预警的源头，进而分析制定干预措施，进行事前预防，要注意返贫预警干预措施应遵循针对性、及时性、可行性、科学性、透明性以及有效性六个原则；第四步，在干预措施实施过程中保持对干预对象的动态监控，确保干预措施的顺利进行；第五步，对干预对象进行事后评估，当干预结果呈现有效时则解除预警，继续进行日常监测，反之则继续进行干预。

更新政府对流动人口公共服务的管理视角。一方面，政府在管理流动人口公共服务的过程中，要始终秉持"以人为本"的服务理念，以人性化的管理服务来全面维护流动人口的合法权益，逐步推行服务与管理有机统一的政府工作模式，将管理视角转向共享发展理念方向，以共享发展理念来指导开展流动人口扶贫减贫工作。共享发展理念涵盖了教育质量的升级、公共服务供给的加强、脱贫攻坚工程的实施、就业创业包容性的提升以及收入差距的缩小等方面的内容，根据相关内容在制定精准扶贫措施时紧密联系"以人文本"的服务理念，才能有效提升流动人口生活水平和质量。另一方面，政府对流动人口的管理方式要从硬性向柔性转变，以柔性手段为主、行政手段为辅的管理方式对流动人口进行有针对性的管理，例如，可以举办一些宣传教育讲座，安排相关工作人员与流动人口进行面对面交谈以实现定期的心理疏导。同时，政府要积极推动流动人口组织向结构化转变，畅通表达渠道，培养流动人口的自我服务意识，令其勇于向政府表达自身的服务诉求。

9.2 完善财政扶贫工具

9.2.1 扶贫政策从救助型向保障型延伸

打赢打好流动人口的脱贫攻坚战，还需进一步精准优化保障性扶贫政策。设置公益性岗位，采用公益岗位互助模式减贫是有效的保障性扶贫方式，该方式通过可持续性的社会救助措施来缓和流动人口贫困问题，提倡引导流动人口通过付出劳动换取相应的救助。目前，中国扶贫政策中虽设有如保洁员、护林员、社会治安协管员、乡村道路维护员等较为常见的公益性岗位，但存在岗位类型过少至于无法满足部门及地区实际需求的问题，没有使公益性岗位的扶贫作用得到很好的发挥。因此，国家要有针对性地增设公益性岗位，设置合理的岗位补贴标准，为有就业意愿但受劳动能力、年龄、转移就业能力等条件限制的贫困流动人口提供具有互助性质的公益性岗位，安置贫困流动人口家庭中的劳动者，尽可能保证每个家庭至少有一人就业，并对照流动人口就业困难人员标准给予其适当的岗位补贴。另外，由于流动人口贫困是一个因"流动"产生的非短期贫困问题，因此在保障性扶贫政策推行后，需要加大执行力度、扩大覆盖面，对制度政策本身进行完善并提高保障水平，协调相关部门做好监督、评估以及考核工作，力求使现有的良性模式制度化、长效化，强化综合保障性扶贫政策并使其能够持续发挥正面作用，以便进一步研究和创新以流动人口实际需要为导向的流动人口社会保障制度建设。

9.2.2 提升公共服务供给质量

长期以来，公共服务质量的高低一直是影响流动人口迁移意愿的重要因素，流动人口倾向于向公共服务水平高的地区迁移，但中国现阶段公共服务的供给存在严重的不均衡问题，表现为流动人口不断向公共服务供给质量高的发达地区聚集，相对落后的地区由于公共服务供给质量较差，持有永久性迁移意愿的流动人口比较少。为了缓解发达地区承担持续涌入流动人口的压力，国家应尽快出台相关政策，提高相对落后地区的公共服务供给质量，推进流动人口基本公共服务均等化，特别是要保障农民工群体所享受的基本公共服务水平。提升公共服务供给质量的改革建议主要有以下教育、住房和医疗三个方面。

教育方面。第一，对教育进行改革以增加教育层面财政供给的力度，积极倡导多元办学方式来迎合流动人口的教育需求。将流动人口随迁子女纳入人均拨款制度的照顾对象范围，根据各地区经济发展情况的差异，对不同地区流动人口随迁子女在人均公用经费、基建经费等方面实施对应比例的分担机制。同时，在城镇规划和土地出让时，必须保证随迁子女集中地区相对均衡的师生比和够用的教育用地，明确指定随迁子女就近入学的义务教育学校。第二，从优化就业环境，积极开展流动人口的就业培训入手，加强对流动人口就业培训和就业帮助，推动其从低端行业向高端行业持续转移，呼吁相关教育培训机构接纳流动人口并对其进行继续教育和职业培训，从而提升人力资本和就业质量，为社会储备较为优质的流动人口劳动力。第三，对低收入流动人口子女进行人力资本投资以缓解或阻断贫困代际传递，如严格执行义务教育制度，加大对义务教育入学率和毕业率的重视程度，采取有效措施降低低收入流动人口家庭子女的上学成本。

住房保障制度方面。第一，确立流动人口住宅权的根本法和专门法，着力于提升中国住房保障体系的具体操作规则的层级法律效力。以宪法为基础对住房保障法的立法进行修订完善，该法律的制定应考虑总则、具体保障制度选择以及各项住房保障措施退出制度三个层面。总则层面上，规定公民的住宅权以经济收入或其他适宜因素为标准来认定受保障对象，不以户籍为限制条件。具体保障制度的选择层面上，在明确流动人口的住房保障问题和户籍人口的住房保障同等重要的基础上，将涉及的目标群体纳入住房保障体系中，或者制定流动人口特别条款。各项住房保障措施退出制度层面，应规定跟踪监测制度以便及时将不符合条件的群体移出住房保障体系，为真正需要的流动人口群体解决住房问题。第二，借鉴美国对私人购房者进行直接补贴的做法，对承租人进行直接补贴。符合补贴标准的流动人口先根据政府设置的房租限制寻找住房，签订租赁合同之后，政府承担承租人收入与房租差额的一定比例部分。第三，完善相关配套制度。一方面，制定全国性流动人口不动产登记制度，构建个人财产申报和征信系统，将信息查看权授予住房保障的专门部门，及时更新流动人口住房保障信息；另一方面，规范流动人口保障性住房和公寓专项住房的建设和管理，对于向城区服务业中低收入的流动人口出租的公寓，选址应广布于城中交通较为便利的区域，遵循"大分散、小集中"的原则。同时，在保障性住房的户型和容积率上应根据市场行情和居住需求来确定，减少中高档型住房，增加流动人口能够承担的、符合质量标准的低档型住房供给。

医疗保障制度方面。第一，根据地区发展程度的不同，合理运用财政手段来完善流动人口家庭，特别是农民工家庭医保制度及其监管体系，为不同类型的流动人口家庭提供不同模式的医保措施，形成"普惠+特惠"的多层次医保体系。第二，要打破现行医保制度中存在的统筹层次低、相关险种繁复并立的境况，在顾全流动人口医保福利全局的视野下，多方位推行省级统筹，稳中有进地提高统筹层次，破解区域统筹障碍，逐步实现统筹全国化。针对险种繁复并立的问题，应去除与流动人口关联度低的险种，改革重心始终放在城镇居民基本医疗保险与新农合的整合简并上，增加贫困流动人口在医疗方面的福利，努力促成"基础保障持续提升，整体管理多维调控"的良性结果。第三，充分发挥商业保险在流动人口社会保障体系中的作用，把商业保险作为满足流动人口特殊保障需求的手段，化解社会矛盾，应对公众事件风险。

9.2.3 发挥税收的积极调节作用

税率的高低尤其是个人所得税税率的高低是影响个体流动决策的重要因素，较低的个人所得税税率可以通过降低应纳税额而使流动人口预期收入增加，提升其对工作的投入程度和生活幸福指数。除了个人所得税以外，增值税也是影响人口流动的重要因素，它与所得税的改革包含于结构性减税与收入再分配的结合过程中。结构性减税政策实施以来，居民负担有所减轻，说明中国的减税政策已取得一定成效，但如若要对焦到如何帮助流动人口减贫的问题上来，仍有可进一步完善的空间。

深化增值税改革，优化间接税结构，降低流动人口间接税负担。中国增值税改革应顺应国际上单一税率、宽税基式的现代型增值税转型趋势，合并税率档次、扩宽增值税税基。现行增值税存在着税率高、层次多的显著问题，应在现有的四档税率基础上，把握适当的时机适度调减增值税标准税率，向两档税率方向改革，渐进式地缩小简易征收的适用范围且扩大一般计税方法适用范围，疏通增值税抵扣链条，有效减轻流动人口的间接税负担。另外，建议推进地方政府增值税分享比例与常住人口数或消费总额挂钩，从而实现流动人口的纳税义务与地方政府的权责支出相匹配。可以将中国原本按生产地原则分享增值税的办法转变为按消费地原则进行分享，把增值税收入归属从生产销售地转为购买者所在地。同时，零售环节采用价税分列模式，即将零售环节商品（劳务）的不含税价与所含税金在商品（劳务）标签或购物凭证中分别列示。

优化个人所得税税前扣除。通常情况下，流动人口有着较重的家庭负担，所以在对部分个人收入达到个人所得税起征点的流动人口征收个人所得税时，应该基于税收公平和量能负担原则进一步明确和完善相关费用扣除标准及内容。税前扣除应遵循直接相关（支出和收入是否直接相关）、正常且有用（对生产经营活动是否正常且有用）、合理（支出是否与生产经营周期合理配比）三个原则。具体建议如下：第一，合理设置费用扣除项目。可增设特殊费用扣除项目，让符合认定标准的个体进行税前扣除，从而减少流动人口中低收入者和特殊弱势群体的个人所得税负担。例如，家庭成员中有患重大疾病或者整个家庭仅靠一人收入来维持生活的流动人口，有必要建立特殊的费用扣除机制，允许该流动人口扣除其他家庭成员生计费用部分。第二，实行弹性的费用扣除制度。在设计上可参考主要发达国家的经验，建立以调整后的城镇居民家庭平均消费性支出为依据，实行以 CPI 为指标的动态调整机制，更大程度上减轻纳税人的税收负担，减少通货膨胀带来的扭曲效应。

9.3　规范流入地与流出地的政府间财政关系

9.3.1　构建弥补人口流动外部性的横向转移支付制度

财政资金的一个重要用途就是实现涵盖流动人口的公共服务均等化，要求资金必须在各级政府间按照地区实际情况和未来发展计划来进行合理分配。要保证该过程的畅通性，较为关键的一项任务就是构建能弥补人口流动外部性的横向转移支付制度。同级政府间在既定的财政体制下进行财政资金的横向转移支付可以对中央与地方政府间的纵向转移支付进行补充。通常情况下，为达到缩小地区差距、均衡财力和实现基本公共服务均等化的发展目标，财政资金从财力充裕地区向财力不足地区转移。目前，德国、加拿大、澳大利亚和日本均实行横向转移支付制度，中国只有具有临时性、非制度化特征的省际"对口支援"应急政策，相对规范的横向转移支付制度尚未形成，而且限于同级政府之间的平等性，人口流出地政府没有权利要求人口流入地政府给予其横向转移支付，不利于发展目标的实现。对此，中央政府应该积极倡导和协调，在借鉴国外经验的基础上，建立地区平衡基金。其中，资金来自现有转移支付制度中的税收返还，基金则按照流动人口规模进行分配，按照人口普查数据中省外流动人口数据来确定该地外来流动人口的规模，进而确定地区间横向转移支付的规模。

9.3.2 发挥财政补贴差异化职能

中央作为财政补贴的调配主体，应根据地区之间当下存在的发展差异以及未来发展战略的异同对其进行有针对性的财政转移支付，充分运用"因地制宜"的手段对财政补贴进行合理有效转移，通过建立良好的、保质量的基本公共服务来吸引劳动力的流入，创造流动人口与流入地之间和谐共生、活力共存的关系。具体来说，当一个地区具备吸纳较多农业转移人口的能力时，中央应对其加大财政补贴力度；当一个地区发展比较落后，缺乏吸引劳动力转移的能力时，中央应注重通过按比例增加的财政转移支付来改善该地区的交通、医疗和教育等公共服务并突出其核心优势，比如以教育建设为地区发展特色对区域中心城市的资源进行整合优化，对其他社会功能进行均衡化投资，促进欠发达地区形成优势竞争产业，以此来吸引其他地区中高端人才的流入。

9.4 构建政府、企业与社会多元扶贫体系

流动人口贫困是一个长期的、动态化的过程，形成因素纷繁复杂，需要建立政府、企业和社会三者相结合的多元共治机制。随着社会互联互通进程的加快，以共同利益为最终产出的多元共治形式已成为人口管理的新趋势，对流动人口实行多元共治意味着政府不再是流动人口减贫的唯一责任主体，一些非政

府组织和商业组织也可以承担一部分流动人口相对贫困的扶贫责任，以多主体合作带来的资源优势互补为载体打造流动人口的高质量扶贫管理体系，提高流动人口的社会融合程度。

9.4.1 强化政府对流动人口的扶贫责任

细化有关政府部门考核评估机制。对纵向管理体制进行细化完善调整，严格制定县级政府对下的责任机制，在考评体系中增加流动人口满意程度的量化指标，使其与官员绩效考核密切挂钩，督促其认真负责地履行自身职责。具体措施为：第一，根据流动人口分布情况，配备专职工作人员，落实管理责任制。第二，采取平时督查与年终考核、专项调查与全面调查相结合的办法，对部门的履职情况进行随机抽查考核。需要强调的是，相关考评指标应根据地区发展情况的不同在权重上体现差异性，如对于人口流出较多的落后地区，要根据地区实时情况来调整用于基础设施的投资资金，避免造成资金浪费。通过完善相关部门履职的考核评估机制，逐渐推动地方政府经济增长目标从量向质转变。

简化政府行政层级，减少各级政府间在事权划分问题上的摩擦与冲突。过多的行政层级会导致低效的行政工作和高额的行政成本，会阻碍政府公共服务质量的提升，降低转移支付资金的使用效益。因此，简化政府行政层级，减少各级政府间在事权划分问题上的摩擦与冲突势在必行。适当简化政府行政层级后，政府可以沿着建立效率政府和公共财政框架的方向进行扁平化改革，合理划分中央、省、市县三级政府的事权和财权，相应建立事权和财权相匹配的财政体制，进而将政府职能落到实处、准处。

推进户籍制度改革，减少社会福利供给与户籍制度的关联度。第一，还原户籍制度本身应有的管理功能。中国户籍制度改革的价值取向应具备逐步消除户籍附加功能以保障公民基本权利平等不受侵犯的特点。为实现户籍制度改革的最终目标，政府必须遵循公平和正义的首要原则来推进户籍制度革新，取消针对流动人口特别是农民工群体的区别落户条件，尽快为满足条件的、工作稳定的长居流动人口家庭办理落户，尤其要消除带有歧视性质的条件，赋予户籍制度人性化，如准予流动人口的未成年子女、配偶等主要家庭成员随迁。第二，打破省份间"各自为政"的格局，打通省际自由流动的隔阂，在放开中小城镇户籍的同时推行积分制户籍制度改革，建立科学严密的积分指标体系，把符合条件的贫困流动人口纳入积分体系，弱化对贫困流动人口的社会排斥。第三，科学细化居住证制度。首先，地方政府应该对居住证制度进行细化设计，中央做好纵向监察工作，并通畅社会监督通道；其次，应降低居住证的申领门槛，强化居住证的生活消费功能，从而提升流动人口办理申领登记的主动性；最后，适当加大积分制入户对非高学历、中低收入流动人口的照顾，提升其"流入福利"，减缓流动人口两极分化，从而加速新型城镇化进程。

9.4.2 加强企业流动人口管理

明晰用人企业对流动人口管理的辅助责任，建立企业专职流动人口管理员制度。用人企业对流动人口管理的辅助责任主要体现在企业是否对流动人口员工与其他员工一视同仁。一方面，根据企业流动人口规模建立企业流动人口内保组织制度，如设立负责企业内部流动人口的基本信息登记、办证以及协助管理流动人口相关部门的专（兼）职管理员。其中，对流动人口员工数量超过50人的企业建议配置1名以上的专职管理员，对流动人口员工数量少于50人的企业则设置1名兼职管理员，并定期对这些管理员进行流动人口相关知识的培训指导。另一方面，企业应自觉维护流动人口员工的合法权益，不仅要为流动人口员工建立管理档案，还要严格按照《中华人民共和国劳动合同法》与流动人口员工签订劳动合同，形成合法的雇佣关系，重视外来务工人员工伤保险的缴纳。

积极主动担负起改善企业内部流动人口居住条件的主体责任。企业对流动人口的帮扶除了要承担辅助管理责任外，还应担负对其内部流动人口员工住宿条件的主体责任。以农民工为主体的流动人口，从早期以就业为目的的临时性进城，到在城市里追求自己的公共权益，再到从心理上认可所在的城市、生活习惯上适应城市生活需要经历一个长期的过程。因此，企业可以担负起帮助内部流动人口员工适应城市生活的责任，增强流动人口的就业稳定性。政府可以出台相应的补贴申请政策，鼓励企业自建流动人口宿舍楼或者设置贫困流动人口居住点，从而缓解部分贫困流动人口及其家庭的住房安全保障问题。

将企业文化建设向流动人口服务管理宣传延伸。企业文化质量是企业维持活力并健康发展的内在核心内容，囊括了职工文化、企业精神、企业制度、价值观念等多个方面的内容，在当下流动人口贫困现象凸显的情况下，企业应将文化建设向流动人口服务管理宣传方向延伸，正确处理企业改革发展与流动人口管理的关系，提升流动人口员工在企业工作的舒适感。例如，每月开展法律法规、素质文化、计划生育等相关知识的普及教育，采取新颖有趣的宣传教育方式对流动人口员工进行社会舆论引导和素质教育，使其身心向健康乐观的方向发展，丰富其精神生活以促进流动人口与本地人口和谐相处，加快他们融入企业以及所在城市的过程。另外，设立企业内部流动人口奖励机制，对有突出贡献的流动人口员工进行表彰奖励。

9.4.3 积极动员社会力量协助流动人口减贫

优化流动人口表达利益诉求的制度渠道和服务平台。流动人口服务平台是其表达自身诉求和维护权益的重要渠道，但目前中国相关制度渠道和服务平台的建设还不完备，使得流动人口自身的诉求得不到充分表达。对此，各地政府除了注重建设优化实地流动人口维权中心外，还应加强对流动人口网络维权意识的培养，加大网络申诉平台的宣传，拓宽流动人口的申诉渠道。同时，设置安排相关流动人口管理岗位，专门负责收集诉求和解决流动人口维权问题。此外，加大解决拖欠流动人口工资问题的力度，建立用人单位对流动人口工资是否正常发放的监控机制，将其与企业社会信用挂钩，并对没有按时按量发放流动人口工资的单位进行一定的罚款，严格落实流动人口工资待遇。

大力发挥社会组织、志愿者、专业社会工作人员等的作用，鼓励市场和社会力量参与流动人口扶贫行动。社会组织作为连接社会各个群体的桥梁，要充分发挥其在政府对流动人口管理上的协动性。一方面，搭建能够发挥自我管理、教育以及服务效能的外来流动人口自主管理网络体系，同步对相关社会组织进行流动人口关爱培训，组织开展线上就业培训和流动人口家庭走访活动，做到线上线下同步帮扶，大力呼吁社会关心关爱贫困流动人口。另一方面，组织志愿者或专业社会工作人员，为贫困流动人口普及法律知识、提供法律援助服务，切实维护其合法权益。

建立流动人口基层管理与服务体系，树立社区人口的概念，充分发挥社区职能。当流动人口流动到某地有了相对稳定的工作和生活，流动人口通常会考虑在该地定居，这就意味着其与社区居民间的沟通交流将日益增加。因此，除了在户籍制度上可以附加一些如文化程度和技能、有特殊贡献者、居住年限、住房情况、税金贡献率等前置条件作为流动人口享受市民待遇的前提外，建立以社区为单位的流动人口基层管理与服务体系，增强流动人口的社区归属感也至关重要。对此，一方面要加强社区对流动人口的服务，依托社区服务中心、托幼所、法律援助咨询中心、派出所等载体并配套对应的服务设施为流动人口提供教育、就业、维权等方面的服务；另一方面要鼓励流动人口积极参与社区的服务和管理，使其在社区中的地位由被动式管理向主动式管理过渡，扩大管理的覆盖面，增强管理的自治性。

参考文献

［1］陈浩，周绿林. 中国公共卫生不均等的结构分析［J］. 中国人口科学，2011（6）：72-83，112.

［2］陈梦根，胡雪梅. 一种改进的地区购买力平价指数［J］. 数量经济技术经济研究，2019（8）：147-164.

［3］陈挺，胡凤霞. 就业性质与流动人口社会融合差异研究［J］. 当代经济，2019（7）：152-155.

［4］陈怡男，刘鸿渊. 农民工市民化公共属性与制度供给困境研究［J］. 经济体制改革，2013（4）：80-84.

［5］陈宗胜，于涛. 中国城镇贫困线、贫困率及存在的问题［J］. 经济社会体制比较，2017（6）：40-53.

［6］褚荣伟，熊易寒，邹怡. 农民工社会认同的决定因素研究：基于上海的实证分析［J］. 社会，2014，34（4）：25-48.

［7］丁从明，吉振霖，雷雨，等. 方言多样性与市场一体化：基于城市圈的视角［J］. 经济研究，2018，53（11）：148-164.

［8］杜方冬，王瑞珂. 美国卫生公平社会决定因素分析与对策［J］. 中国卫生政策研究，2012，5（12）：34-39.

［9］方迎风. 中国贫困的多维测度［J］. 当代经济科学，2012，34（4）：7-15，124.

［10］冯贺霞，王小林，夏庆杰. 收入贫困与多维贫困关系分析［J］. 劳动经济研究，2015（6）：38-58.

［11］冯虹，刘婷婷. 京津冀流动人口调控联动机制分析［J］. 管理世界，2017（12）：172-173.

［12］甘行琼，刘大帅，胡朋飞. 流动人口公共服务供给中的地方政府财政激励实证研究［J］. 财贸经济，2015（10）：87-101.

[13] 高帅, 郭铖, 张琴. 社会排斥、人情支出与农民工多维脱贫 [J]. 财经科学, 2018 (6): 110-120.

[14] 高帅, 史婵. 代际差异视角下流动人口长期迁移意愿研究 [J]. 财经科学, 2019 (3): 39-51.

[15] 高艳云. 中国城乡多维贫困的测度及比较 [J]. 统计研究, 2012, 29 (11): 61-66.

[16] 龚锋, 李智, 雷欣. 努力对机会不平等的影响: 测度与比较 [J]. 经济研究, 2017 (3): 76-90.

[17] 郭静, 邵飞, 范慧, 等. 流动人口基本公共卫生服务可及性及影响因素分析 [J]. 中国卫生政策研究, 2016, 9 (8): 75-82.

[18] 郭庆旺, 陈志刚, 温新新, 等. 中国政府转移性支出的收入再分配效应 [J]. 世界经济, 2016 (8): 50-68.

[19] 韩峥. 脆弱性与农村贫困 [J]. 农业经济问题, 2004 (10): 8-12, 79.

[20] 何宗樾, 宋旭光. 中国农民工多维贫困及其户籍影响 [J]. 财经问题研究, 2018 (5): 82-89.

[21] 贺坤, 周云波. 精准扶贫视角下中国农民工收入贫困与多维贫困比较研究 [J]. 经济与管理研究, 2018, 39 (2): 42-54.

[22] 侯亚景, 周云波. 收入贫困与多维贫困视角下中国农村家庭致贫机理研究 [J]. 当代经济科学, 2017, 39 (2): 116-123, 128.

[23] 黄玖立, 刘畅. 方言与社会信任 [J]. 财经研究, 2017, 43 (7): 83-94.

[24] 焦晓云. 流动人口融入城市的英国观照及启示 [J]. 技术经济与管理研究, 2019 (12): 131-135.

[25] 金江, 孟勇, 张莉. 跨方言区流动、自选择与劳动力收入 [J]. 统计研究, 2018, 35 (8): 94-103.

[26] 黎嘉辉. 城市房价、公共品与流动人口留城意愿 [J]. 财经研究, 2019, 45 (6): 86-100.

[27] 李兵, 郭冬梅, 刘思勤. 城市规模、人口结构与不可贸易品多样性: 基于"大众点评网"的大数据分析 [J]. 经济研究, 2019, 54 (1): 150-164.

[28] 李博, 张全红, 周强, 等. 中国收入贫困和多维贫困的静态与动态比较分析 [J]. 数量经济技术经济研究, 2018, 35 (8): 39-55.

[29] 李超, 万海远, 田志磊. 为教育而流动: 随迁子女教育政策改革对

农民工流动的影响 [J].财贸经济,2018,39（1）：132-146.

[30] 李国正,艾小青,邬嘉迪.新常态下中国流动人口的居留意愿与家庭消费水平研究 [J].管理世界,2017（12）：174-175.

[31] 李昊,张昭.流动人口多维贫困的测量与分解研究 [J].经济问题探索,2019（5）：182-190.

[32] 李晓春,马轶群.中国户籍制度下的劳动力转移 [J].管理世界,2004（11）：47-52,155.

[33] 李勇辉,李小琴,沈波澜.安居才能团聚?保障性住房对流动人口家庭化迁移的推动效应研究 [J].财经研究,2019,45（12）：32-45.

[34] 梁文泉.不安居,则不消费:为什么排斥外来人口不利于提高本地人口的收入? [J].管理世界,2018,34（1）：78-87,191-192.

[35] 廖昕宇,罗阳.国内流动人口计划生育公共服务均等化研究综述 [J].西北人口,2015,36（2）：108-111.

[36] 林建浩,赵子乐.均衡发展的隐形壁垒:方言、制度与技术扩散 [J].经济研究,2017,52（9）：182-197.

[37] 刘欢,席鹏辉.户籍管制与流动人口家庭化迁移:基于2016年流动人口监测数据的经验分析 [J].经济与管理研究,2019,40（11）：82-95.

[38] 刘欢.户籍管制、基本公共服务供给与城市化:基于城市特征与流动人口监测数据的经验分析 [J].经济理论与经济管理,2019（8）：60-74.

[39] 刘涛,曹广忠.大都市区外来人口居住地选择的区域差异与尺度效应:基于北京市村级数据的实证分析 [J].管理世界,2015（1）：30-40,50.

[40] 卢楠,王毅杰.户籍、房产与生活质量:基于城-城流动人口与本地城市居民的比较 [J].人口与经济,2018（3）：37-46.

[41] 卢盛峰,陈思霞,时良彦.走向收入平衡增长:中国转移支付系统"精准扶贫"了吗? [J].经济研究,2018（11）：49-64.

[42] 陆万军,张彬斌.户籍门槛、发展型政府与人口城镇化政策:基于大中城市面板数据的经验研究 [J].南方经济,2016（2）：28-42.

[43] 罗楚亮.农村贫困的动态变化 [J].经济研究,2010,45（5）：123-138.

[44] 马超,曲兆鹏,宋泽.城乡医保统筹背景下流动人口医疗保健的机会不平等:事前补偿原则与事后补偿原则的悖论 [J].中国工业经济,2018（2）：100-117.

[45] 盂凡强,初帅.职业分割与流动人口户籍歧视的年龄差异 [J].财经研究,2018,44（12）：44-56.

[46] 聂海峰, 刘怡. 城镇居民的间接税负担: 基于投入产出表的估算 [J]. 经济研究, 2010 (7): 31-42.

[47] 聂荣, 张志国. 中国农村家庭贫困脆弱性动态研究 [J]. 农业技术经济, 2014 (10): 12-20.

[48] 宁吉喆. 形有波动 势仍向好: 当前我国经济形势与基本走向 [J]. 求是, 2015 (20): 22-24.

[49] 彭希哲, 万芊, 黄苏萍. 积分权益制: 兼顾户籍改革多重目标的普惠型制度选择 [J]. 人口与经济, 2014 (1): 28-36.

[50] 秦江梅. 国家基本公共卫生服务项目进展 [J]. 中国公共卫生, 2017, 33 (9): 1289-1297.

[51] 沈扬扬. 经济增长与不平等对农村贫困的影响 [J]. 数量经济技术经济研究, 2012, 29 (8): 19-34.

[52] 宋月萍, 宋正亮. 医疗保险对流动人口消费的促进作用及其机制 [J]. 人口与经济, 2018 (3): 115-126.

[53] 苏春红, 解垩. 财政流动、转移支付及其减贫效率: 基于中国农村微观数据的分析 [J]. 金融研究, 2015 (4): 34-49.

[54] 孙红玲. 候鸟型农民工问题的财政体制求解 [J]. 中国工业经济, 2011 (1): 15-26.

[55] 孙文凯, 李晓迪, 王乙杰. 身份认同对流动人口家庭在流入地消费的影响 [J]. 南方经济, 2019 (11): 131- 144.

[56] 邰秀军, 罗丞, 李树茁, 等. 外出务工对贫困脆弱性的影响: 来自西部山区农户的证据 [J]. 世界经济文汇, 2009 (6): 67-76.

[57] 田飞丽, 陈飞. 我国农村贫困指数测度及政策减贫效应研究 [J]. 东北财经大学学报, 2014 (4): 64-71.

[58] 田志伟, 胡怡建, 宫映华. 免征额与个人所得税的收入再分配效应 [J]. 经济研究, 2017 (10): 113-127.

[59] 汪昊, 娄峰. 中国间接税归宿: 作用机制与税负测算 [J]. 世界经济, 2017 (9): 123-146.

[60] 王美艳. 农民工的贫困状况与影响因素: 兼与城市居民比较 [J]. 宏观经济研究, 2014 (9): 3-16, 26.

[61] 肖荣荣, 任大鹏, 乐章. 收入贫困与多维贫困的测量与比较分析 [J]. 学习与实践, 2018 (8): 77-86.

[62] 徐超, 李林木. 城乡低保是否有助于未来减贫: 基于贫困脆弱性的

实证分析 [J].财贸经济, 2017, 38 (5): 5-19, 146.

[63] 徐腾, 姚洋.城际人口迁移与房价变动: 基于人口普查与百度迁徙数据的实证研究 [J].江西财经大学学报, 2018 (1): 11-19.

[64] 许永洪, 萧珍丽, 朱建平.教育缓解了收入分配不平衡吗 [J].数理统计与管理, 2019 (4): 704-718.

[65] 解垩.税收和转移支付对收入再分配的贡献 [J].经济研究, 2018 (8): 116-131.

[66] 解垩.与收入相关的健康及医疗服务利用不平等研究 [J].经济研究, 2009, 44 (2): 92-105.

[67] 杨凡.非正规就业对流动人口社会融合的影响研究: 基于北京市调查数据的分析 [J].中南财经政法大学学报, 2016 (6): 30-35, 159.

[68] 杨舸.流动人口与城市相对贫困: 现状、风险与政策 [J].经济与管理评论, 2017, 33 (1): 13-22.

[69] 杨胜利, 王伟荣.产业结构升级、教育与流动人口收入: 基于2016年全国流动人口动态监测数据的分析 [J].云南财经大学学报, 2019, 35 (12): 49-62.

[70] 叶普万, 周明.农民工贫困: 一个基于托达罗模型的分析框架 [J].管理世界, 2008 (9): 174-176.

[71] 岳希明, 张斌, 徐静.中国税制的收入分配效应测度 [J].中国社会科学, 2014 (6): 96-117, 208.

[72] 悦中山, 李树茁.中国流动人口融合政策评估: 基于均等化指数和落户指数的分析 [J].中南财经政法大学学报, 2016 (6): 36-45, 159-160.

[73] 张晓颖, 冯贺霞, 王小林.流动妇女多维贫困分析: 基于北京市451名家政服务从业人员的调查 [J].经济评论, 2016 (3): 95-107.

[74] 张赟.多维视角下的贫困群体的实证分析: 以贫困儿童和流动妇女为样本 [J].经济问题, 2018 (6): 64-69.

[75] 赵恢林.人口流动管制与中国宏观经济波动: 基于异质性技能视角分析 [J].南方经济, 2019 (12): 118-133.

[76] 周颖刚, 蒙莉娜, 林雪萍.城市包容性与劳动力的创业选择: 基于流动人口的微观视角 [J].财贸经济, 2020, 41 (1): 129-144.

[77] 邹薇, 方迎风.怎样测度贫困: 从单维到多维 [J].国外社会科学, 2012 (2): 63-69.

[78] 曾永明, 张利国.户籍歧视、地域歧视与农民工工资减损: 来自

2015年全国流动人口动态监测调查的新证据 [J]. 中南财经政法大学学报, 2018 (5): 141-150.

[79] ALMAS I, MOGSTAD M. Older or wealthier? The impact of age adjustment on wealth inequality [J]. The Scandinavian Journal of Economics, 2012, 114 (1): 24-54.

[80] ANDO A, MODIGLIANI F. The "life cycle" hypothesis of saving: Aggregate implications and tests [J]. The American Economic Review, 1963, 53 (1): 55-84.

[81] ANGRIST J D, PISCHKE J S. Mostly harmless econometrics: An empiricist's companion [M]. New Jersey: Princeton University Press, 2009.

[82] ATKINSON A B. Horizontal equity and the distribution of the tax burden [M]. New York: Social Science Research Council, 1979.

[83] BANERJEE A, PIKETTY T. Top Indian incomes, 1922—2000 [J]. The World Bank Economic Review, 2005, 19 (1): 1-20.

[84] BOSSERT W. Redistribution mechanisms based on individual characteristics [J]. Mathematical Social Sciences, 1995, 29 (1): 1-17.

[85] CAPPELEN A W, TUNGODDEN B. Local autonomy and interregional equality [J]. Social Choice and Welfare, 2007, 28 (3): 443-460.

[86] DAVIES J B, SHORROCKS A F. The distribution of wealth [J]. Handbook of Income Distribution, 2000, 1: 605-675.

[87] DEVOOGHT K. To each the same and to each his own: A proposal to measure responsibility – sensitive income inequality [J]. Economica, 2008, 75 (298): 280-295.

[88] DUCLOS J Y. Gini indices and the redistribution of income [J]. International Tax and Public Finance, 2000, 7 (2): 141-162.

[89] ENAMI A. An application of the CEQ effectiveness indicators: The case of iran [R]. Tulane Economics Working Paper Series, 2018.

[90] FELLMAN J, JANTTI M, LAMBERT P J. Optimal tax-transfer systems and redistributive policy [J]. Scandinavian Journal of Economics, 1999, 101 (1): 115-126.

[91] HEADY C, MITRAKOS T, TSAKLOGLOU P. The distributional impact of social transfers in the european union: Evidence from the ECHP [J]. Fiscal Studies, 2001, 22 (4): 547-565.

[92] HIGGINS S, LUSTIG N. Can a poverty-reducing and progressive tax and transfer system hurt the poor? [J]. Journal of Development Economics, 2016, 122: 63-75.

[93] HIGGINS S, LUSTIG N, RUBLE W, et al. Comparing the incidence of taxes and social spending in brazil and the united states [J]. Review of Income and Wealth, 2016, 62: S22-S46.

[94] HONG L, ALFANI G, GIGLIARANO C, et al. Giniinc: A stata package for measuring inequality from incomplete income and survival data [J]. The Stata Journal, 2018, 18 (3): 692-715.

[95] KAKWANI N C. On the measurement of tax progressivity and redistributive effect of taxes with applications to horizontal and vertical equity [J]. Advances in Econometrics, 1984, 3 (2): 149-168.

[96] KAKWANI N, LAMBERT P J. On measuring inequity in taxation: A new approach [J]. European Journal of Political Economy, 1998, 14 (2): 369-380.

[97] KERM P V. Income mobility profiles [J]. Economics Letters, 2009, 102 (2): 93-95.

[98] KONOW J. A positive theory of economic fairness [J]. Journal of Economic Behavior & Organization, 1996, 31 (1): 13-35.

[99] LUSTIG N. Inequality and fiscal redistribution in middle income countries: Brazil, Chile, Colombia, Indonesia, Mexico, Peru and South Africa [J]. Journal of Globalization and Development, 2016, 7 (1): 17-60.

[100] LUSTIG N, HIGGINS S. Fiscal incidence, fiscal mobility and the poor: A new approach [R]. Tulane Economics Working Paper Series, 2012.

[101] MISTIAEN J, RAVALLION M. Survey compliance and the distribution of income [M]. Washington: The World Bank, 2003.

[102] MOOKHERJEE D, SHORROCKS A. A decomposition analysis of the trend in UK income inequality [J]. The Economic Journal, 1982, 92 (368): 886-902.

[103] MUSGRAVE R A, THIN T. Income tax progression, 1929—1948 [J]. Journal of Political Economy, 1948, 56 (6): 498-514.

[104] OECD. Growing unequal?: Income distribution and poverty in OECD countries [M]. Paris: OECD Publishing, 2008.

[105] PAGLIN M. The measurement and trend of inequality: A basic revision [J]. The American Economic Review, 1975, 65 (4): 598-609.

[106] PIKETTY T, YANG L, ZUCMAN G. Capital accumulation, private property, and rising inequality in China, 1978—2015 [J]. American Economic Review, 2019, 109 (7): 2469-2496.

[107] PIKETTY T. Capital in the 21st century [M]. Cambridge: Harvard University, 2014.

[108] PIKETTY T, SAEZ E, ZUCMAN G. Distributional national accounts: Methods and estimates for the United States [J]. The Quarterly Journal of Economics, 2018, 133 (2): 553-609.

[109] PLOTNICK R A. Measure of horizontal equity [J]. The Review of Economics and Statistics, 1981, 63 (2): 283-288.

[110] PUDNEY S. Income and wealth inequality and the life cycle: A non-parametric analysis for China [J]. Journal of Applied Econometrics, 1993, 8 (3): 249-276.

[111] REYNOLDS M, SMOLENSKY E. Post-fisc Distributions of Income in 1950, 1961, and 1970 [J]. Public Finance Quarterly, 1977, 5 (4): 419-438.

[112] ROEMER J E, AABERGE R, COLOMBINO U, et al. To what extent do fiscal regimes equalize opportunities for income acquisition among citizens? [J]. Journal of Public Economics, 2003, 87 (3-4): 539-565.

[113] URBAN I. Kakwani decomposition of redistributive effect: Origins, critics and upgrades [R]. Society for the Study of Economic Inequality Working Paper, 2009.

[114] URBAN I. Income redistribution in croatia: The role of individual taxes and social transfers [J]. Financial Theory and Practice, 2008, 32 (3): 387-403.

[115] WERTZ K L. The measurement of inequality: Comment [J]. The American Economic Review, 1979, 69 (4): 670-672.

[116] WORLD BANK. Atlas of sustainable development goals 2018 from world development indicators [M]. Washington: the World Bank, 2018.

[117] YOUNGER S D, OSEI-ASSIBEY E, OPPONG F. Fiscal incidence in ghana [J]. Review of Development Economics, 2017, 21 (4): e47-e66.

[118] ZAIDI S. Main drivers of income inequality in central european and baltic countries: Some insights from recent household survey data [M]. Washington: The World Bank, 2009.